몰입
독서

문해력을 키우는 **읽기 습관**

몰입독서

스키마언어교육연구소 지음

차례

들어가며 • 10

1장 문해력을 높여 주는 독서 습관

책읽기의 변화가 필요하다
책과 멀어진 아이들 • 18
평가하지 않으면 책을 더 읽는다고? • 21
아이들은 모두 독후활동에 부담을 느낀다 • 25
책읽기가 즐거우려면 평가를 줄여야 • 26

읽기보다 독후활동에 치우쳐 있다
독후활동에 밀려난 독서 • 28
지나친 독후활동이 문제 • 31
책읽기를 좋아하게 하려면 • 33

문해력 향상을 위해 필요한 읽기
제대로 읽지 않는 아이들 • 35
읽기에 우선순위를 두기 어렵다 • 38
학교나 학원에 책읽기를 요구하는 부모들 • 40

기억력에 문제가 있는 아이들
비슷하게 기억하는 아이들 • 44
거의 기억하지 못하는 아이들 • 46
엉뚱하게 바뀌는 내용 • 49

문해력이 부족한 이유와 진짜 책읽기
책에 빠져드는 시간 • 52
독후활동과 책읽기의 상관관계 • 53
발상을 바꾼 몰입하는 독서법 • 56
    시간 자투리 시간이 아니라 시간 정해서 읽기
    장소 책으로 둘러싸인 낯선 공간에서 읽기
    대상 혼자가 아니라 선후배와 함께 읽기
바람직한 독서 환경을 꾸미려면 • 60

현 독서 실태와 몰입독서의 필요성 • 62
구립서초어린이도서관 관장 이은희

2장 몰입독서의 효과

독서로 달라지는 아이들
독서 효과를 스스로 느끼는 아이들 • 72
몰입독서를 상징하는 세 가지 단어 • 75
    키워드1 자유 / 키워드2 집중 / 키워드3 성취

몰입해서 책을 읽고 나면
두껍고 복잡한 책으로 • 81
문해력보다 중요한 건 지적 자립 • 85
평가 없이 허용하는 책읽기 • 90

3장 몰입독서 실천법

몰입독서 진행하기
아이의 책 읽는 모습 관찰하기 • 96
    언제 하루 4~6시간, 주 4일 이상
    어디서 방이 2~3개로 구분된 별도 공간
    누구와 다양한 학년의 선후배와 함께 읽기
    무엇을 기본 교재와 스스로 선택하는 책
    어떻게 읽기와 휴식, 읽기와 듣기 배합하기
    왜 문해력을 높이는 동화와 소설 읽기

몰입독서를 운영하는 적절한 인원 • 128
사례로 살펴보는 몰입독서 참가자 이야기 • 136
   몰입독서 참가자1 아이들의 이야기
   몰입독서 참가자2 부모들의 이야기
교사와 부모, 연구원의 몰입독서 관찰기록 • 147
   몰입독서 관찰기록1 몰입독서 지도 교사
   몰입독서 관찰기록2 몰입독서 참가 부모
   몰입독서 관찰기록3 몰입독서 연구원

4장 가정, 학교, 도서관으로 확산되다

상황과 조건에 맞는 몰입독서 진행하기
개인이나 개별 모임으로 진행 • 168
학교나 공공도서관에서 진행 • 170

녹서 동아리를 중심으로 진행하는 몰입독서
모임이나 동아리 상황에 맞게 • 172
공동체 활동을 경험하는 모임 • 174
공간 마련을 위해 • 177
교재를 확보하기 위해 여기저기로 • 180
   사례 품앗이 몰입독서에서 시작해 협동조합까지

개인이 집에서 진행하는 몰입독서
책읽기의 경험을 나누는 실천 • 187
혼자, 또는 여럿이 • 188

공모사업을 통해 학교에서 진행하는 몰입독서
학교의 공신력을 확보하다 • 193
학교 공간을 활용할 수 있다 • 196
지속적인 프로그램으로 정착하기 위해서는 • 199
    사례 학부모회의 몰입독서 공모사업

공공도서관 프로그램으로 진행하는 몰입독서
몰입독서를 시도하는 공공도서관 • 205
도서관의 가장 큰 장점은 수월한 교재 구비 • 208
도서관 이용자에 대한 배려가 필요하다 • 211

학교 독서시간의 새로운 시도
독후활동보다 독서활동에 집중하다 • 215
    사례 교실 속 몰입독서 진행하기
다양한 책읽기를 시도하다 • 220
    사례 로알드 달 작가의 책으로 몰입독서

5장 온라인으로 진행하는 몰입독서

영상을 활용한 몰입독서
우선순위에서 밀리는 독서 교육 • 224
영상으로 함께 듣기 • 226
온라인에서 함께 읽기 • 229
　사례1 개울 모임
　사례2 광교 모임
　사례3 시골 분교와 서울의 초등학교

나가는 글

책을 읽을 수 있는 환경을 만들어야 한다
책만 읽어도 사고력은 높아진다 • 241
단체나 기업의 복지사업으로 진행하기 • 243
어른에게도 몰입독서가 필요하다 • 244
몰입독서 선봉 도서관을 꿈꾸며 • 246

부록
몰입독서 실천을 위한 추천도서 목록 • 251

들어가며

책을 읽기만 해도
문해력이나 사고력이 높아진다

독서 수업을 한 지 20년이 넘어가는데 여전히 '주1회 수업을 통해 어떻게 책을 읽어야 좋은지 가르치고 있는데, 아이가 집에서 책을 읽지 않는다면, 그래도 이런 수업이 필요할까?' 하는 생각을 한다. 어떻게 하면 아이들이 책을 읽을 수 있을까 늘 궁리하다가, 7년 전부터 몰입독서란 읽기 방법을 시도하게 되었다.

스키마언어교육연구소(이하 연구소) 사무실에서 방학 때마다 15명 안팎의 아이들이 모여 하루 6시간, 1주 5일 또는 2주 10일 동안 책을 읽었다. 처음 참여한 아이의 부모들은 새로운 방식에 놀라면서 만족했고, 여러 번 참여한 아이들은 책을 집중해서 읽는 태도를 자연스레 몸으로 익혔다.

나는 참여한 부모의 반응을 보고 몰입독서가 빠르게 확대될 것으로 기대했다. 기대한 대로 초기 몇 년간은 여기저기서 조금 변형된 모습으로 확대되었다. 그러다가 잠시 주춤거리는 사이 코로나19

로 인해 정체되었다. 몰입독서의 특징 중 제일 중요한 점이 모여서 책을 읽는 것인데 모이지 못하니 당연한 것이겠지만 그래도 난 납득이 되질 않았다. 왜 계속 확산되지 않았을까?

지금 생각해보면 코로나19가 지나가길 기다리지 말고 대응 방향을 고민하고 협의했어야 했는데 그러지 못했다. 2년이 넘어가면서 여기저기서 작게 진행한 것들은 거의 다 멈춘 듯하다. 코로나19가 끝나면 다시 살아날 수 있을까?

몰입독서는 부모가 개인적으로 진행하기에는 부담이 크다. 공간도 빌리고, 교재도 확보하고, 이보다 교재를 어느 정도 알아야 하고, 또 여러 부모들의 요구 사항을 절충해야 한다. 그렇다고 해도 문해력이 심각하게 부족하고 또 책읽기를 싫어하는 현실에서, 아이들이 이렇게 긴 시간 집중해서 책을 읽었다는, 읽을 수 있다는 사실에 많은 부모들이 놀라고 공감하고 감탄했다. 그런데 왜 이런 책읽기 방법이 널리 확산되지 않았을까? 자기 자녀, 또 주변 아이들에게 큰 도움이 된다면 그런 부담을 참고 이겨낼 사람은 제법 많으리라 생각하는데 말이다.

한 10년 정도 진행하고 책을 쓰려고 했는데 뭔가 한계를 돌파할 방향을 찾으려면 부족하더라도 정리해야겠다고 생각했다. 여기저기 흩어져 있는 자료를 모으고, 문제의식이 달라졌는지 다시 설문조사를 하고, 새로운 모습이나 특히 아직도 진행하고 있는 모임에서는 코로나19에 어떻게 대응하고 있는지 좀 자세하게 알아보았다.

몰입독서를 새로 시작하려는 부모에게 늘 강의를 듣고 조언을 구하라고 말했지만, 지방에 사는 사람들이나 그런 조건이 되지 않는 사람들이 불편함을 드러냈다. 2020년에 출간한 『내 아이가 책을 좋아할 수만 있다면』(북포스)에 나온 소개 정도로는 진행하기 어렵다는 것이다. 그래서 이 책에서는 기본적인 몰입독서 실천 방법과 독서 동아리가 진행한 과정을 자세하게 소개하려고 한다. 자기 조건이나 상황에 맞는 부분만 읽어도 좋다. 이를테면 독서 동아리를 하고 있으면 그 부분만, 학교나 도서관을 활용하고 싶다면 거기서 진행한 내용만 읽고 참고해도 된다. 함께 실은 양식도 아이들 수준이나 상황에 따라 변형해서 활용하는 것이 좋다.

1장에서는 몰입독서가 왜 필요한지, 어떻게 생겨나게 되었는지를 밝힌다. 문해력이 부족하다는 인식이 광범위하게 퍼졌는데도 책읽기 비중은 점차 줄어들고 있다. 문해력이 부족한 진짜 이유를 따져보고 발상을 전환해서 다소 낯선 형태로 책읽기를 시도하자고 제안한다. 1장 끝에 2017년 전국도서관대회 때 구립서초어린이도서관 이은희 관장이 발표한 「구립서초어린이도서관 진행, '몰입독서' 운영 사례」에서 '현 독서 실태와 몰입독서의 필요성' 부분만 발췌해 실었다.

2장에서는 몰입독서의 효과를 정리했다. 몰입독서를 경험한 아이들은 '자유', '집중', '성취'를 얘기하고 있는데, 이는 몰입독서가 문해력을 높여주고 있다는 반증이라고 해석했다. 또 몰입독서는 평가하지 않는다는 점 때문에 문해력보다 더 중요한, 지적 자립을 향해 나아가는 것이라고 추론해 본다.

3장에서는 몰입독서를 실천하려면 어떻게 하면 좋은지 실제적으로 진행해 볼 수 있는 방법을 소개한다. 흔히 책을 읽을 때에는 무엇을 어떻게 읽을까 생각하지만 여기서는 언제, 어디서 읽을지부터 고민한다. 보통 하루 4~6시간, 주 4일 이상 시간을 확보하고, 방이 2~3개로 구분된 별도 공간을 준비한다. 책읽기를 중시하고 같이 읽는 것에 공감하는 부모들은 자연스레 자기 자녀들과 친구를 참여시킨다. 그래서 선후배와 함께 읽을 수 있는 환경이 만들어진다. 교재를 준비하고 읽기와 듣기, 읽기와 휴식을 적절히 배합해서 장시간 읽으면서도 집중력이 떨어지지 않도록 배려한다. 진행자는 보통 총괄 1명, 관찰 및 지도 2명으로 이루어지고, 이들을 중심으로 평가모임이나 관찰 기록을 정리하고 참가자 소감 등을 받아서 자료집을 만들기도 한다.

4장에서는 기본 방법이 자신들의 조건에 따라 변형되는 다양한 모습을 기술했다. 먼저 독서 동아리가 있으면 같이 논의해서 언제, 어디서 진행하고, 교재를 어떻게 확보할지 결정한다. 선후배가 같이 책을 읽기 때문에, 그리고 가르치고 평가하는 활동이 아니기에 공동체 같은 분위기가 생겨 어른이나 아이 모두 활기차게 참여하곤 한다. 그런데 대체로 동아리는 자기만의 공간이 없고, 어린이나 청소년 도서가 광범위하게 있지 않아 공간과 교재를 확보하는 데 힘이 들기도 한다. 이와 달리 한 개인이 집에서 진행하는 경우는 공간과 교재는 큰 문제가 되지 않지만 혼자서 많은 인원을 관리하고 관찰해야 하기 때문에 애를 먹기도 한다.

학교나 도서관을 활용하면 공간과 교재를 확보하기 쉬워 편하다. 학교는 공모사업 등을 통해, 도서관은 도서관 프로그램이나 강좌를 통해 시작하는데 참여하는 사람끼리 협의하기 위해 동아리를 만드는 것이 좋다. 그다음부터는 동아리의 결속 정도에 따라 진행이나 후속 작업이 수월해진다.

이 책에는 부모뿐 아니라 초등학교 교사가 학급에서 진행한 사례를 첨부했다. 학교 독서 시간을 새롭게 활용하려는 교사들의 새로운 시도이기에 의미가 있을 것이다.

5장에서는 코로나19로 모이지 못하는 바람에 많은 몰입독서가 중단되고, 생각보다 장기간 이어지는 바람에 별다른 대응을 하지 못한 점을 반성한다. 몇몇 지속되는 사례를 통해 앞으로의 가능성을 찾아본다. 같이 참여한다고 할 때 같은 공간에 모이는 것을 당연하게 전제하지만, 상황에 따라 공간은 달라도 같은 시간에 같은 교재와 같은 방식으로 책을 읽는 것도 몰입독서의 변형으로 볼 수 있을 것이다. 이렇게 1년 이상 진행한 모둠은 제한이 풀리면 다시 만나서 진행될 예정이다.

이미 학교 수업을 영상으로 진행하면서 영상에 피곤함을 느끼는 상태에서 독서까지 영상으로 한다는 시도는 매우 낯설다. '가르치는 것도 아닌데 영상으로 어떻게 같이 책을 읽을 수 있지?' 하는 의문이 들지만 영상으로 시작과 끝 시간을 알려주고, 쉬는 시간에 영상으로 같이 놀고, 교재를 서로 추천하고, 최근에는 친구 한두 명을 초대해서 컴퓨터 한 대에 두어 명이 같이 참여하는 다양한 방식으로 아이들에게 또 다른 긴장과 즐거움을 주고 있다.

또 듣기만 분리해서 일주일에 한 시간씩 영상으로 책 읽어 주기를 시도했다. 덕분에 지방이나 심지어 외국에 있는 아이까지 같이 참여하고 있다. 이 경우에 실제로 만나는 것보다는 같이 참여한다는 느낌이 적지만, 그래도 다른 아이들도 참여하니까 덜 부담스럽게 느끼는 것이 아닐까 하는 생각이 든다.

영상 매체의 영향으로 책을 기피하는 현상이 지속될 것이기에 독서 일반의 전망은 밝지 않다. 역시 몰입독서도 수월하지만은 않을 것이다. 하지만 나는 책을 읽기만 해도 문해력이나 사고력이 높아진다고 생각한다. 또 사회에서, 특히 단체나 기업에서 책 읽을 수 있는 환경 만들기에 관심을 가졌으면 하는 바람이다. 그러기 위해서 어른들도 몰입독서를 경험하고, 가능하면 몰입독서 전용 도서관이 생기면 얼마나 좋을까 하는 희망을 갖는다. 이 책을 통해 많은 아이들이 책을 즐겨 읽고 문해력이 높아지는 경험을 쌓기를 간절히 바란다.

1장

문해력을 높여 주는
독서 습관

책읽기의 변화가
필요하다

책과 멀어진 아이들

요즘 아이들은 문해력이 점점 떨어지고, 책에서 멀어지고, 어쩌다 읽는다고 해도 읽는 흉내를 내기만 한다. 그래도 과제를 그럴 듯하게 제출해서 대다수 어른들은 심각함을 모르기도 한다. 청주교대 교수 엄훈은 『학교 속의 문맹자들』(엄훈 지음, 우리교육)에서 문맹자를 세 가지로 분류한다. 첫째, 읽어 주는 이야기를 듣고 이해하는 데는 특별한 어려움이 없지만 글을 소리 내어 읽는 데는 어려움을 겪는 아이. 둘째, 글자를 잘 읽지만 내용을 파악하지 못하는 아이. 셋째, 어려운 책을 한두 페이지 읽거나 읽는 둥 마는 둥 조금씩 읽다가 덮어버리는 '나쁜 읽기 태도'를 가진 아이.

이런 문제는 정도는 다르겠지만 보통 아이들도 비슷하다. 크리스 토바니는 『읽어도 도대체 무슨 소린지』(크리스 토바니 지음, 연암서가)

라는 책에서 눈속임 독서가 널리 퍼진 사례를 알려 준다. 독후감 숙제에서 가짜 독후감을 쓸 때는 선생님이 확인하기 어렵게 책 제목을 바꿔낸다, 요약본을 대충 훑어보고 과제를 낸다, 읽지 않아도 내용을 요약해 주는 선생님의 말을 듣고 정리한다 등등. 몰입해서 읽지 않아도 과제를 내거나 중간 수준의 점수를 받는 데 문제가 없다고 한다. 아마 우리도 그렇지 않을까?

아이들을 자세히 살펴보면, 글자를 잘 읽어도 힌트를 주지 않으면 내용을 잘못 파악하는 아이가 있고, 고학년인데도 소리 내서 읽으라고 하면 조사나 어미를 틀리게 읽거나 띄어쓰기를 무시하고 읽는 아이가 있다. 또 짧은 글을 쓸 때에도 맞춤법을 틀리게 쓰는 아이가 많은데, 띄어쓰기를 제대로 하지 못하는 아이는 그보다 더 많다. 그래서 교사가 아이들이 쓴 글을 읽기도 쉽지 않다. 더구나 쓴 아이한테 읽어 보라고 하면 자기도 못 읽는 경우가 있다. 이런 아이들에게 글이란 과연 무엇일까?

몇 년 전 한 방송에서 '문해력'에 관해 보도를 했는데 많은 부모가 문해력 부족에 크게 공감했다. 이런 아이들, 가령 문맹자처럼 심각한 아이라면 학교에서 기초단계부터 체계적으로 지도할 것이다. 그 정도는 아니지만 가끔 문장제 수학 문제를 이해하지 못하고, 상식적인 어휘나 내용을 파악하지 못하고, 소통이 어렵다면 문해력이 부족한 것은 아닌지 걱정이 앞선다. 그래서 일단 책을 집중해서 읽으면 좋아질 것이니 책부터 읽으면 좋겠는데 어떻게 해야 할지 고민하게 되는 것이다.

결국 원점으로 돌아왔다. 문해력을 걱정하기 전에도 아이들에게 책을 더 읽혀야 한다고 생각했고, 이제 문해력 때문에 더욱 필요성이 높아졌지만 유튜브 등 영상 매체나 학습 부담 때문에 아이들은 책읽기를 기피하게 되었다. 이런 상황에서 몰입독서는 참여한 아이나 부모에게 환영을 받았다. 스스로 참여하겠다고, 한 주 더 하겠다고 말하는 아이도 있었다.

몰입독서나 몰입이 무엇인지 규정한 사람들이 몇몇 있지만 어느 것이 더 옳은지 따질 수 없고, 굳이 차이점을 밝힌다면 이 책에서 말하는 '몰입독서'는 **'한 번에 4시간 이상 여러 명이 한 장소에 모여 책읽기를 하는 활동'**을 말한다. 방학이라면 연속 3일 이상 읽기를 하는데 평소라면 매주, 또는 격주로 한 번 모여 읽기도 한다. 선후배가 같은 장소에 모여 긴 시간 책을 읽는데 독후활동을 최소로 줄인, 즉 평가를 하지 않는 형태로 진행한다. 그러면 아이들은 평가받지 않고, 선후배랑 같이 모여 읽기 때문에 책에 재미를 붙이고 긴 시간 집중해서 읽을 수 있다.

독서에 근본적인 변화가 필요하다고 여기고 독서 기본에 관해 아이, 부모, 교사를 대상으로 간단하게 조사를 해 보았다.

아이 "책읽기가 재미있다면 또는 어렵다면 그 이유는 무엇인가요?"
부모 "자녀가 책을 좋아하나요? 이때 걱정되는 점은?", "자녀가 책을 제대로 읽지 않는다면 어떤 문제가 생길 것으로 예상하나요?"
교사 "학계에서는 독후활동으로 인해 독서 자체가 소홀해지고 있다는 지적이 있는데 당신의 의견은?"

개인적으로 주변에 있는 아이, 대학생, 부모, 교사(또는 사서)에게 질문을 메일로 보내고 답을 받았다. 몰입독서에 참여한 사람도 있고 아닌 사람도 있다. 이들의 답변을 바탕으로 문해력이 부족한 진짜 이유와 해결 방향을 정리했다.

문해력을 높이기 위해서는 우선 책을 읽어야 하고, 또 제대로 읽어야 한다. 그럼 무슨 책을 어떻게 읽으면 좋을까 하는 고민에서 벗어날 필요가 있다. 대신 '언제, 어디서, 누구와 함께' 읽으면 좋을까 묻고 책 읽는 환경을 바꿔야 진짜 읽기를 할 수 있다.

구립서초어린이도서관 관장 이은희는 제54회 전국도서관대회에서 「구립서초어린이도서관 진행, '몰입독서' 운영 사례」란 제목으로 발표를 했다. 여기서 그는 긴 시간 책을 읽게 하려면 강제성을 띠지 않을 수 없다는 통념을 반박하고, 소설을 장시간 몰입해서 읽고 이를 평가하지 않는 환경이라면 아이들은 즐겁게 책을 읽는다고 주장했다. (62쪽 참고)

평가하지 않으면 책을 더 읽는다고?

연구소에서 독서 수업을 받은 중학교 3학년 남학생의 이야기이다. 연구소의 독서 수업은 집에서 책을 읽고 와서 책 내용을 자세히 기억해서 발표하고, 줄거리와 연결해서 의문 갖기를 비롯해 자기 생각을 쓰는 방식으로 진행된다. 남학생은 처음에는 한두 번 줄거리를 5분 정도 발표하더니 그것도 안 하겠다고 했다. 엄마가 옆에 있어도 신경 쓰지 않고 고개를 푹 숙이고 책만 읽었다. 의욕도, 집중력도 없는 아이에게 독후활동을 시키면 긴 시간 동안 흉내만 내고 나아지지 않는다. 그래서 재미있는 책을 집중해서 읽는 것에 초점을 둔다. 재미있는 책을 찾기에 판타지동화 다음으로 '불량'한 아이가 주인공인 생활 동화를 권했더니 곧잘 읽었다. 그런데 다음 단계로 넘어가지 않고 다시 판타지동화로 후퇴했다. 남학생은 무기력한 모습이지만 엄마는 이렇게라도 해야 책을 읽는다고 했다.

그런데 어느 날 집에서 꿈이 생겼다며 '스키마 학원'을 차리겠다고 했다고 한다. 독서 수업 효과가 있었나 싶어 반가웠는데 부모가 '왜?' 하고 물었더니 남학생은 '교사가 하는 일이 하나도 없어요.'라고 대답했다고 한다. 부모는 스키마독서 기본강의를 들어서 수업 방식에 대해 어느 정도 알고 있었지만 남학생은 왜 자기에게 아무것도 시키지 않는지 이해하지 못한 게 아닐까?

중학교 1학년 말쯤 독서 수업을 받은 또 다른 아이는 책 읽는 속도가 또래에 비해 늦어 초등 고학년 수준의 판타지동화를 권했다. 이상하게도 연구소에서는 곧잘 읽다가도 집에서는 책을 읽어 오지 않았다. 그래도 1시간이나 걸리는 거리를 빠지지 않고 오는 걸 보면 대견한 생각이 들었다. 중학교 3학년 2학기쯤부터 기억력·사고력 공부를 하면서 가끔 기억력 연습으로 발표를, 사고력 연습으로 글쓰기도 진행했다. 하지만 중학교 3학년이 되니 시험공부에 집중하느라 한두 번 빠지다가 결국 그만 다니겠다고 했다. 읽기 능력이 늘면 공부도 더 쉬울 거라고 생각했지만 설득하지는 않았다. 스스로 자신의 독서능력이 많이 올랐다고 실감하고 있었기에 그런 자신감으로 공부하면 성적도 높일 수 있었을 것이다. 일주일에 2시간, 그저 책을 읽는 것만으로 이 정도로 실력이 늘었다는 점이 놀라웠다.

중학교 3학년 남학생은 '하류 지향'의 특성*을 보인다고 판단했지만, 지나고 보니 어떤 바람을 표현한 것이 아닐까 하는 생각이 들었다. 교사한테 평가받지 않고 그냥 책만 읽으면 좋겠다고 말이다. 연구소는 다른 곳보다 개입이 적은 곳이라 책을 읽을 수 있었다고 생각했을지 모른다.

그런데 평가하지 않으면 정말 책을 열심히 읽을까? 열심히 읽는지는 몰라도 아이들은 더 긴 시간 책을 읽을 수 있다고 주장한다. 아이들에게 '독후활동 없이, 평가 없이 긴 시간 책만 읽을 수 있다면 방학 동안 얼마나 읽을 수 있을지, 그리고 지금은 얼마나 읽고 있는지' 물어봤다.

방학에는 하루에 3~5시간은 책을 읽을 수 있다고 했다. 한 아이는 "좋아하는 장편 시리즈를 읽는다면 8시간도 읽을 수 있을 것 같

● 우치다 타츠루 『하류 지향』 참조. 그에 따르면 하류 지향의 젊은이는 교육받을 기회를 스스로 저버리고, 사회생활을 의도적으로 거부한다고 한다. 이들은 학교와 직장을 편의점과 동일시하며 상품을 고르듯 선택과 거부를 당당하게 한다. 그래서 '왜 공부를 해야 하나요?'를 외치고 '왜 직장에 다녀야 하나요?'를 외치면서 아무것도 안 하려고 애를 쓴다. 그럼에도 자신의 계층이 하강하는 것을 깨닫지 못한다고 안타까워한다.

다."고 했다. 답한 아이들은 대체로 책을 좋아하는 편이다. 그렇지만 실제로 책 읽는 시간은 1시간에서 1.5시간 정도였다.

평가하지 않으면 열심히 읽을 수 있다는 말은 믿기 힘들다. 대충 읽거나 판타지 중 유행하는 책만 읽을 거라고 우려했다. 그런데 뒤집어 보자. 평가하면 열심히 읽을까? 당연히 그렇지 않다. 그럼 왜 평가할까? 많은 부모들은 아이들이 지금 책을 잘 읽고 있는지 알고 싶고, 또 눈에 보이는 결과물을 통해 확인하고 싶어 한다. 다른 아이와 비교하고자 하는 욕망이 아니라고 해도 어쨌든 부모는 '내 아이의 문해력이 어떠한지 알고 싶은' 욕망이 있을 것이다.

그렇지만 십 년 넘게 수많은 아이를 대상으로 독서 수업을 진행했지만 아이가 쓴 내용이나 독후감만 보고 아이를 제대로 파악하는 것은 쉽지 않다. 아이의 수업 태도를 보고 내용을 대조해서 판단해야 어느 정도 파악할 수 있다. 같은 방식으로 3년 넘게 가르쳐 보아도 전반적인 학습 능력을 알 수 있는 게 아니라 독서 능력에 국한해서만 파악이 가능하다. 독후활동으로 글을 쓰게 하는 것은 아이 수준을 판단하기보다 교사가 무엇을 가르쳤는지 결과물을 남기려는 의도에 가깝다. 아이를 제대로 평가하기 위해서는 수업 태도를 관찰해서 기본 판단을 하고 결과물에서 근거를 찾아야 한다.

아이들은 모두 독후활동에 부담을 느낀다

아이들을 제대로, 또 전반적으로 파악하기 어렵다는 것을 전제로 연구소에서는 아이들에게 책을 읽힌다. 그래서 책을 한 권보다는 두 권 이상 권하고, 책을 제대로 읽지 못할 때 "왜 못 읽었니?" 하고 묻지 않는다. 어차피 아이의 대답이 사실인지 알 수 없기 때문이다. '엄마가 책을 늦게 구해줬어요', '학원 숙제가 너무 많았어요', '가족 여행을 갔어요' 등 다양한 변명을 하는데 일일이 확인할 수 없다. 그래서 '준비를 못 했으니까 지금부터 더 집중해서 해 보자' 정도로 마무리한다. 그리고 아이의 일상을 파악하려고 한다. 아이의 능력이나 의지 이외의 요인을 찾으며 기다리는 것이다.

이때 아이들이 독후활동에 큰 부담을 갖고 있다는 것을 알고 놀랐다. 성적이 높거나 낮거나, 책을 잘 읽거나 못 읽거나 대체로 비슷했다. 감탄할 정도로 기억력이 좋은 아이들도 줄거리 발표를 싫어한다. 결과물로 자주 칭찬을 받는 아이들도 독후활동을 의식하면 책을 읽고 싶지 않다고 했다. 독후활동을 하면 책이 재미없어지고, 스트레스를 받는다는데 당연한 말이다. 어떤 아이는 독후활동이 어떤 틀이나 정답이 정해져 있다고 생각하기도 한다.

"독서록이나 독후활동은 누군가 만들어 놓은 틀에 맞춰서 하니 방해가 돼요."(초등학교 5학년)

"선생님이 생각하는 적절한 답을 찾아내지 못하고, 너무 이상하

게 쓸 것 같아 걱정이 많아요."(중학교 1학년)

하지만 대학생이 되어 중·고등학교 시절의 독서를 되돌아보면 아이러니하게도 독후활동이 도움이 되었다고 말한다. 성인이 되면 생각이 바뀌는 걸까? 그렇게 답한 대학생들이 모범생이어서 그럴지도 모르겠다.

책읽기에 익숙하지 않은 아이는 독서에 대해 자기 의견을 잘 표현하지 않고, 또 읽은 내용에 대해서도 좀처럼 자기 생각을 드러내지 않는다. 그런데 가끔 자기 수준보다 높은, 어려운 책도 재미있게 읽곤 한다. 이때 아이가 내용을 파악하지 못한 채 읽고 있는 거라고 미리 판단할 필요는 없다. 이런저런 다양한 이유가 있을 것이다. 스트레스를 받는 일이 적어서 그 순간에 집중할 수 있었다든지, 아니면 책 내용 중 어떤 부분이 자신의 경험과 연결되어 생생한 느낌을 받았다든지 등. 그렇다면 아이가 책을 제대로 읽었는지 평가할 수 있는 결과물을 요구하기보다 제대로 읽을 수 있는 환경을 만들어 주는 것이 더 중요하지 않을까?

책읽기가 즐거우려면 평가를 줄여야

보통 독서를 하려고 하면 무슨 책을 읽을까 고민한다. 아이들은 재미있는 책이 있고, 그렇지 않은 책이 있다고 말한다. 그렇지만 부모는 아이들이 재미있다고 스스로 고른 책이 대부분 가볍거나, 웃기는 내용이거나, 공부에 도움이 되지 않는 책이라고 하면서 추천 목록에 있는 책을 골라준다. 그러면 아이는 책을 거부하거나 대충 읽고 재미없다고 말한다.

아이들은 저마다 다른 방식으로 책을 읽는다. 정독을 한다면서 느리게 읽거나, 속독으로 대충 읽거나, 한 번 읽고 다시는 안 읽거나, 재미있는 책만 몇 번씩 읽거나 한다. 어떻게 습득한 독서 습관인지는 모르지만 좀처럼 바뀌지 않는다. 부모나 교사가 독후활동을 요구하면 거기에 맞춰 읽기도 한다. 그러면서 아이는 편한 시간에, 편한 장소에서, 자기가 원하는 책을, 자기 마음대로, 평가 없이 읽고 싶다고 말한다. 이때 평가를 하지 않았으면 좋겠다고 '평가' 부분을 특히 강조하는데, 어른들은 대체로 다른 것은 허용해도 '평가'를 빼려고 하지는 않아 이 점에서 가장 크게 부딪친다. 그럼 발상을 전환해 보자. 평가를 빼고 다른 것들을 통제하면 어떨까? 그럼 아이들이 책에 재미를 붙이지 않을까?

읽기보다 독후활동에
치우쳐 있다

독후활동에 밀려난 독서

초등학교 1학년이 그림책을 3권 빌려가서 집에서 읽고 기억한 내용을 발표하는 수업을 했다. 그런데 한 권도 못 읽었다는 것이다. 보통은 '왜 못 읽었냐?'고 묻지 않는데 가벼운 그림책이라 바로 물어봤다.

"왜 못 읽었니?"

"시간이 없어요."

"그래? 한 권 읽는데 10분도 안 걸릴 텐데. 한 번도 안 읽었다고?"

"예."

하도 당당하게 답하기에 좀 치사하지만 "엄마한테 확인해 볼까?"라고 하니 오히려 반가워한다.

"지금 전화해 보세요. 그럼 제가 얼마나 바쁜지 알 테니까."

연구소에서 진행하는 독서교육은 책 2권을 3번 정도 읽고 주 1회 수업하는 방식으로 진행한다. 그래서 책은 쉽고 얇은 편이다. 고학년은 대체로 200쪽 내외의 동화를 읽는다. 책 1권 읽는 데 1시간 정도 걸린다고 보면 2권을 3번 읽으려면 6시간 정도가 걸린다. 평균 하루에 1시간 정도 책을 읽는 셈이다. 20년 전에는 이런 아이들이 대부분이었다. 독서를 중시하는 부모들이 많아 초등 고학년이어도 학원에 많이 보내지 않았다. 그런데 언제부터인가 초등 저학년들도 학원에 다니기 시작하면서, 또 숙제량이 대폭 늘어나면서 책을 한 번만 읽어 오더니 최근엔 그림책도 읽어 오지 않는 일이 허다했다. 독서를 중요하게 생각하는 부모들인데도 아이가 책을 읽고 있으면 "숙제는 다 했니?" 하고 묻는다고 한다.

그럼 독후활동 시간을 줄이고 책 읽는 시간을 만드는 게 어떨지 몇몇 부모에게 물었다. 그러자 아이들은 어차피 수업에 가서 읽으니까 집에서 미리 읽고 가지 않아도 된다는 생각을 갖고 있다고 했다. 교사가 아이에 따라 30~60분 일찍 오게 해서 읽기를 시켜봤지만 이것도 수업으로 느껴 힘든지 정작 수업 시간에는 집중하지 못했다. 어떤 독후활동을 하더라도 형식적으로 하는 것이 아니라면 책을 충실히 읽어 와야 한다. 그러려면 읽기 시간이 별도로 확보되어야 한다.

학교 교사는 대부분 학과 진도와 행정 업무의 압박 속에서도 독서의 중요성을 실감하고, 다양한 활동을 통해 아이에게 책을 읽히고 독후활동을 통해 요점을 가르친다. 교육청 등 위에서 실천하라는 활동, 예를 들어 '온 책 읽기'에 적극 참여하거나, 교사 개인의 노력으로 힘든 작업, 예를 들어 '저자 초청' 등을 시도하기도 한다. 다양한 독후활동을 통해 책의 즐거움을 느끼게 하거나, 아이의 문해력을 높여주려고도 애를 쓴다.

도서관 사서도 마찬가지다. 각종 프로그램을 진행하고 총괄하느라 여력이 없을 정도다. 새로운 프로그램을 진행하고 싶다고 몇몇 도서관에 제안해 보았지만, 이미 하고 있는 것도 너무 많다면서 정중히 거절당했다.

또한 학교나 도서관 모두 '공공성'을 중요하게 생각하고 있어 많은 아이들에게 혜택이 골고루 돌아가야 한다는 입장을 고수한다. 그 때문에 책을 좋아하거나 책에 비중을 크게 두는 아이들을 대상으로 심도 있는 지도가 이루어지지 못한다. 그러다 보니 **모든 아이들을 동일한 기준 위에서 부담 없는 지도로 다소 형식적인 결과물만 만들어내고 있다.** 그래서 단타성 프로그램이 많고 집중적인 프로그램은 적다.

교수들은 독서지도나 독서교육이 결과물 중심으로 진행되어 책 읽기의 즐거움이 사라지고 있다고 말한다. 현재의 독서 활동은 독서 경험보다 독서교육에 중점을 두어 '독서와 독후활동이 주객전도'되었다거나 '독서가 교육의 수단으로 전락했다'고 비판한다. 부산대학교 교수 김명순은 "지나친 독후활동에 매여 읽기의 즐거움은 실종되고 해결할 과제만이 남는 독서운동"은 문제가 많다고 지적하면서 "그냥 읽기만 하면 안 되냐?"고 되묻고 있다. 춘천교육대학교 교수 김상욱도 "독서의 궁극적인 본질은 생각하는 과정 그 자체의 줄거움"이라면서 "어쩌면 독서는 어떤 현실적인 유용성도 갖지 않음으로써" 의미가 있다고 강조한다.

지나친 독후활동이 문제

교사나 사서들도 독후활동이 지나치다는 것, 그 때문에 독서의 즐거움을 놓친다는 것, 어쩌면 이 때문에 읽기 능력이 늘지 않고 있다는 사실을 너무 잘 알고 있다. 한 교사는 학교에서는 독서보다 결과물이나 자료가 남는 독후활동에 더 의미를 두는 경향이 있다고 말한다. 책은 집에서, 시간이 남을 때 읽는 것이고 학교에서는 그 책을 읽고, 문제를 푸는 것을 중요하게 생각한다는 것이다.

하지만 아이들이 책을 깊이 읽지 못하니 그런 독후활동을 해도 의미 있는 결과가 나오지 않는다. '했다, 안 했다'의 정도이지 이것이 아이들의 독서 습관이나 역량을 키우는 데 큰 도움이 되지 않는다는 말이다. 독후활동의 방식도 그림 그리기 등 흥미 위주이고, 대출 권수에 맞춰 상을 주거나 형식적으로 쓰는 독서록이 대부분이라 아이들이 더욱 책읽기를 싫어하게 만든다.

또 다른 학교 사서는 초등 저학년은 책놀이를, 중학년은 각종 흥미 유발을 위한 독후활동 위주로 하므로, 독서 자체에 집중하지 못한다고 말한다. 또한 읽기만으로는 수업 활동으로 인정받기 어렵고, 오롯이 읽기만 하기에는 학생들의 능력이 떨어지기 때문에 더욱 독후활동에 치우칠 수밖에 없다는 것이다. 간혹 긴 시간, 깊이 있는 독서를 요구하는 독후활동을 진행하려 해도 참여하는 아이가 거의 없으니 시도하기도 힘들다고 한다.

한 초등교사의 말을 들어보자.

"학교에서 이루어지는 독후활동이 진정한 의미를 살리는 데 한계가 있기 때문에 **독후활동으로 인해 독서 자체가 소홀해지고 있다는 것에 동의합니다.** 제가 생각하는 이유는 세 가지입니다. 첫 번째는 학교에서 하는 독후활동들은 대체로 주객이 바뀐 듯한 느낌이 듭니다. 독서보다 독후활동에 초점이 맞추어져 독후활동에 더 많은 시간과 노력을 기울이고, 그 결과물로 평가를 하며 결과물 자체에 초점을 맞추는 경우들도 있지요. 두 번째는 학교에서 하는 대다수의 독후활동들은 아이들이 하고 싶어서 하는 것이 아니고, 해야 하는 과제로 교사에 의해 주어지는 경우가 많습니다. 세 번째는 요즘 아이들이 독서할 시간이 많지 않습니다. 학교에서도 아이들이 독서할 시간이 없고, 그나마 독서를 위해 마련된 시간을 독후활동을 하는 데 사용해 버리는 건 안타깝습니다."

그렇다면 교수나 독서 전문가들이 현장에서 독서와 독후활동이 주객전도되었다고 비판하는 것은 잘못되었다. 왜냐하면 교사나 사서들은 그런 문제를 너무나 잘 알고 있기 때문이다.

현장에서 '읽기 자체'를 실천하지 못하는 것은 우선 결과물에 대한 외부의 요구 때문이다. 또 새로운 방식의 신뢰도 문제가 있다. 즉 새로운 방식으로 문해력이 높아졌다는 것을 입증할 수 있을까 하는 점이다. 그래서 대체로 형식적인 결과물을 만들어내는 식으로 진행하는 것이다. 그렇다면 독서를 먼저 실천할 수 있는 환경은 위에서 만들어야 하며, 신뢰성 있는 프로그램은 교수나 교육청에서 연구하고 제안해야 하지 않을까?

책읽기를 좋아하게 하려면

사교육에서 진행하는 프로그램의 효과는 시장의 논리에 따르기 때문에 입증하기가 쉽다. 소수의 아이라도 모여서 참여하면 되니까 말이다. 효과가 없다고 하면 그 프로그램은 사라질 것이다. 물론 다수가 참여하도록 설득하는 것은 다른 문제이다. 학교나 도서관에서 진행하는 프로그램의 경우는 다수가 참여할 수 없다면 곤란하다는 전제가 붙는다. 게다가 효과를 객관적으로 보여줄 수 있어야 하니까 '독서의 즐거움'을 입증하는 것은 거의 불가능하다고 할 수 있다.

그렇다면 어떤 방법이 있을까? 우선 주변의 압력을 무시하고, 아니면 주변을 잘 설득해 새로운 프로그램을 적극적으로 시도하는 것이다. 교사나 사서는 다소 부담스러운 희생을 각오해야 할 것이다. 실제로 학교나 공동체에서 '몰입독서'를 진행한 교사나 부모는 무척 힘들다고 말한다. 새롭게 시도하는 것 자체도 힘든데 끊임없이 효과가 있는지 간접적으로라도 입증해야 하니까 말이다. 결과물을 좀 더 쉽게 내고, 많은 시간을 '독서'에 할애하는 방법도 있다. 이를 테면 같은 책을 읽고 소감이나 인상 깊은 장면을 모둠별로 이야기한 다음 독서록에 각자 쓰게 하는 방식이다. 그렇지만 공부 부담으로 지쳐 있는 아이들은 결과물을 내야 하는 이상 읽기 자체에 흥미를 느끼지 않을 것이다.

아니면 단타성이지만 연속성을 갖는 프로그램으로 진행할 수도 있다. 예를 들어 중·고등학생에게 비판적 글쓰기를 시도한다는 명분으로 그림책부터 동화, 청소년 소설 등의 읽기를 단계적으로 진행하는 것이다. 그럼 처음에는 낮은 수준의 아이들도 참여하고, 나중에는 높은 수준의 아이들만 남아 흥미롭게 참여할 가능성이 높다.

그렇지만 모두 전통적인 독후활동과 마찬가지로 '문해력 부족'이란 이유로 실천하는 데 애를 먹고 있다. 친절하게 몇 번씩 설명하고, 또 힌트를 충분히 줘도 독해를 했다는 최소한의 결과물이 나오지 않는다. 제대로 읽지 않는 아이에게 문제풀이가 아닌, 정답이 없는 독서를 어떻게 가르치고 독후활동을 시도할 것인가? 게다가 **독후활동을 하지 않는다고 말해도 아이들은 평가가 숨어 있다고 판단해서 읽기의 즐거움에 빠져들기보다 의심하는 경향이 있다.** 독후활동을 대폭 줄이는 등 평가를 최소한으로 하고 책읽기에 집중할 수 있는 방법, 그리고 주변 눈치를 보지 않고 아이들이 책읽기를 좋아하게 만들 수 있는 방법으로 뭐가 있을까?

문해력 향상을 위해
필요한 읽기

제대로 읽지 않는 아이들

이제부터는 독서 수업에서 있었던 실제 경험을 통해서 문해력에 대해 알아보자. 연구소의 독서 수업은 집에서 읽어온 책 내용을 자세하게 발표하는 것부터 시작한다. 그런 다음에 줄거리를 요약해서 쓰고, 그것에 의문갖기를 한다. 또 끝날 무렵 다음 시간에 읽을 책 내용을 간단하게 소개하고 책 내용에 대해 의문갖기를 한다. 아래 내용은 책 내용을 발표할 때 또는 내용 소개에 대해 의문갖기를 할 때 나타난 사례이다.

한번은 『아벨의 섬』(윌리엄 스타이그 지음, 비룡소)을 읽고 내용을 기억해 자세하게 발표해 보라고 한 적이 있다. 이 책에서 생쥐 아벨은 부인 아만다와 소풍을 갔다. 갑자기 비바람이 거세게 몰아치는 바람에 절벽 중간에 있는 동굴로 피할 수밖에 없었다. 그때 아만다의 스카프가 바람에 날아가자 스카프를 붙잡으려다가 아벨이 떨어지면서 폭풍우에 휩쓸렸다. 결국 무인도에 고립된 아벨은 그때부터 눈물겨운 생존을 시작한다. 이 책을 읽고 한 초등학교 5학년 아이가 동굴에 있는 동물에 대해 말하면서 '제비'도 있다고 발표했다. 책에는 날짐승이 나오지 않아 잘못 들었나 해서 다시 물었더니 정확히 '제비'라고 했다.

책을 살펴보니 '족제비'가 나오는데, 문장 끝에 '족'이라는 글자가 나오고 줄 바꿈이 되어 아래 줄 처음에 '제비'라는 단어가 이어졌다. 그것을 보고 '제비'가 나온다고 기억한 것이다.

그런데 최근에는 더 놀라운 일을 겪었다. 『아빠가 빈털터리가 됐어요』(구스타프 세더룬드 글, 얀 올로프 산드그렌 그림, 한길사)는 세금 계산을 잘못해 빈털터리가 된 아빠가 아들 오스콥과 함께 돈이 없는 상태로 일상을 보내는 이야기이다. 다음 수업시간에 읽을 책이라 간단한 '내용 소개'만 읽고 질문을 만들어 보라고 했다. 내용 소개는 대체로 줄거리 앞부분에서 끝난다. 문장을 안 끝내 궁금하게 만들기도 한다.

> **내용 소개**
> 아빠는 엄마가 집을 비우는 사이 빈털터리가 된다. 아빠는 고민 끝에 아침, 점심, 그리고 간식으로 오트밀을 먹자는 대책을 내놓는다. 오스콥은 지하실에 있는 빈 깡통을 모아 마음씨 좋은 아저씨한테 팔면 어떨까? 이후로 두 부자의 이틀은 생각지도 못했던 모험으로

한 아이가 "스쿱이……"라고 말해서 "스쿱이 어디 있어?" 물었더

니 스콥으로 고쳤다. "스콥도 없는데?" 했더니 이유를 알지 못했다. 이 아이는 '오스콥'의 이름이 스콥에서 줄 바꿈이 되었다는 걸 모르는 걸까? 초등학교 5학년인데 짧은 글을 이렇게 읽는다니 놀라웠다. 아이도, 부모도 크게 문제가 있다고 생각하지 않는 듯했는데, 불행인지 다행인지 독서 수업 시간이 맞지 않아 낮은 학년 반으로 옮겼다.

한 중학교 1학년 아이는 학원에 많이 다니는 편이라 책을 대충 읽어왔다. 한번은 『내 동생 아영이』(김중미 글, 권사우 그림, 창비)를 읽고 발표를 했다. 이 책은 다운증후군인 동생을 창피해하는 오빠가 반에서 외톨이로 지내던 반 친구와 동생이 친하게 지내는 것을 보고 셋이 같이 어울리는 내용이다. 다운증후군에 대해 이해시키려고 아영이의 모습을 묘사한 문장을 외워 기억해 보라고 했다. 그 아이는 '휜 다리'를 '흰 다리'로 발표했다. "하얗다는 말이니?"라고 물었더니 그렇다고 대답했다. 책에 묘사된 아영이의 모습에서 분명히 "둥그렇게 휜 다리"라고 나오는데도 휘다와 희다라는 글자를 정확하게 구별해서 읽지 못한 듯했다.

문장을 제대로 독해하지 못하는 또 다른 사례를 보자. 『샤일로』(필리스 레이놀즈 네일러 글, 이강 그림, 서돌)는 주인공 마티가 이웃집에서 학대받는 개를 몰래 구해 주는 이야기이다. 책을 읽기 전에 의문 갖기를 할 때 한 초등학교 4학년 아이는 "샤일로는 개인데 왜 술주정뱅이일까?"라고 썼다. "개가 어떻게 술주정뱅이야?"라고 물었더니 대답을 못했다. 내용 소개를 다시 살펴보았다.

> **내용 소개**
>
> 마티는 집 뒤에 있는 언덕을 걷다가 겁에 질려서 자신을 따라오는 비글을 발견한다. 휘파람을 불자 신이 나서 쫓아오는 개에게 '샤일로'라는 이름을 붙여주고 마음을 주고 만 마티. 하지만 샤일로는 술주정뱅이인데다, 정직하지 못하고, 개들을 학대하는 져드 아저씨의 개다. 마티는 져드 아저씨로부터 도망쳐 온 샤일로를 집 뒤에 숨겨준다. 하지만 곧 져드 아저씨에게 들키게 되고, 마티는 샤일로를 구하기 위해

성인이라면 '술주정뱅이'가 져드 아저씨를 수식하는 말이라는 걸 바로 알겠지만 아이는 개 샤일로가 술주정뱅이라고 독해했다. 물론 '샤일로는 져드 아저씨의 개인데, 그는 술주정뱅이인데다, 정직하지 못하고, 개들을 학대한다'라고 쓰는 편이 더 정확하긴 하다.

읽기에 우선순위를 두기 어렵다

부모들은 학교나 학원 숙제가 많은 편이라고 걱정하지만, 그렇다고 숙제를 줄여 달라고 말할 순 없고, 오히려 미리미리 하라고 강제한다. 책은 자투리 시간에 보면 된다면서. 그렇지만 쉬는 시간에 아이들은 휴대폰을 만지거나 그림을 그리거나 종이접기를 하거나 그냥 빈둥거린다.

사실 **수학 문제라면 자투리 시간에 한 문제만 풀 수 있겠지만 책을 자투리 시간에 5분, 10분만 읽을 수는 없다.** 그런데도 대부분의 부모들은 책은 틈틈이 봐야 한다는 생각을 갖고 있다. 상대적으

로 시간이 많은 대학생도, 또 책읽기가 중요하고 도움이 많이 되었고 생각하는 대학생도 책읽기는 시작이 어렵다고 말한다. 즉 틈틈이 읽는 것이 어렵다는 말이다. 한 대학생은 막상 책을 읽기 시작하면 재미있지만 다른 활동을 할 수 있는 시간을 독서에 투자하겠다고 마음먹기까지가 어려운 것 같다고 했다. 다른 대학생은 책읽기는 재미있지만, 주인공에 감정이입하거나 설정된 상황을 잘 이해하지 못한다면 흥미를 느끼지 못하기 때문에 어느 정도 시간이 지나야 몰입할 수 있다고 했다.

대학생도 그러하니 **초·중등 아이들이 자투리 시간에 책을 읽으면서 흥미를 느끼거나 자발적으로 독서를 시작하는 것은 거의 불가능할 것이다.** 더구나 요즘처럼 인터넷이나 다른 흥미로운 활동이 너무 많은 상황이라면 더욱 그렇다.

자투리 시간에 자발적으로 읽지 못한다고 강제로 책을 읽게 하면 제대로 읽는지, 대충 읽는지 판단하기 어렵다. 어느 때는 세부 내용을 기억하지만 어느 책에 대해서는 재미없다면서 한마디도 하지 않는다. 심지어 주인공 이름조차 기억하지 못한다. 차츰 판타지나 아이들이 좋아하는 장르 소설을 보게도 하는데, 아이와 싸우다시피 하며 힘들게 읽히면서 이런 책을 허용해야 할까 새로운 고민이 생긴다.

더구나 강제당하고 싸우면서 읽는 책으로는 아이들이 독서의 즐거움을 못 느낄 뿐 아니라 부모 입장에서도 주요 과목 공부에 대해서 또 잔소리하는 게 부담스럽다. 결국 아이나 부모 모두에게 독서는 힘든 일이 되어 버린다. 그렇게 우선순위에 밀리고, 나중에 여유가 생기면 할 수 있겠지 하고 생각하다 부모 말을 잘 듣는 어린 시절이 후딱 지나간다.

학교나 학원에 책읽기를 요구하는 부모들

부모들은 가정에서 숙제를 챙기는 것도 힘든데, 책읽기를 학교나 학원에서 해 주면 안 되나 하는 생각을 할 것이다. 가정에서는 막상 읽히려면 어떤 책이 좋은지 알기도 어렵다. 그래서 학교에 읽기를 당당하게 요구하는 부모도 있다. 예를 들어, 학교 도서관 사서 선생님이 책을 읽어준다던가, 학부모 동아리를 결성하여 아침 시간에 각 반에 들어가서 책을 읽어 주는 활동이 생겼으면 하는 식이다. 또 대면 수업이 어려운 요즘에는 각 학년에 맞는 책을 한 권 정해서 깊이 있게 함께 읽고, ZOOM 수업 때 모둠끼리 또는 다 같이 의견을 나눠 보는 것도 좋을 것 같다고 구체적인 방법까지 제안하고 있다.

그런데 부모들이 정말 독후활동보다 책읽기를 더 중시하는 것은 아니다. 여전히 사고력이나 문해력을 걱정하며 읽기만으로는 부족하다고 생각할 것이다. 실제로 자녀가 책을 잘 읽어도, 안 읽어도 걱정은 비슷하다. 책을 잘 읽는 아이의 부모도 '쉬는 시간마다 틈틈이 책을 보지만 학습만화와 지식 위주 만화를 주로 본다. 꾸준히 읽고 있지만 미스터리나 판타지 같은 장르소설을 주로 읽는다'며 과연 아이가 책을 잘 읽고 있다고 말할 수 있을지 걱정한다. 또 꾸준히 읽고 있지만 책 내용을 그저 수동적으로 받아들이고 자기 경험이나 생각과 연결하지 않는 것 같다고 한다. 꾸준히 읽고 있어도 문해력이 좋아지지 않는다고 보는 것이다.

자녀가 책을 잘 읽지 않는다고 쓴 부모는 문해력 부족을 심각하게 걱정하고 있었다. 문해력이 부족해서 생기는 문제는 이런 것들이다. 당연히 알고 있을 거라 생각했던 단어나 어휘를 모르고, 또는 수학 문제를 아무리 많이 풀더라도 문제 자체를 이해하지 못해서 시간이 오래 걸리고 문제 풀기를 싫어하는 것 등이다. 결국 문해력이 부족하면 생각이 깊어지지 않을 것이고, 살면서 불편함을 느낄 것이라고 말한다.

특히 최근 한 방송사의 특집 방송으로 문해력이 부족하면 공부나 삶이 얼마나 힘들지 보여 주었기에 더욱 그럴 것이다. 그래서 <u>학교에서 문해력 상승을 위한 교육이 어렵다면 읽기 자체라도 진행해 주기를 바라는 것이다.</u>

읽기만으로 문해력이 성장할지 의심하기는 하지만 읽지 않고 문해력이 좋아지지는 않을 것이니, 읽기라도 어떻게 할 수 없을까 기대하는 것이다. 그런데 부모들이 학교에서 '읽기'를 해달라고, 잘 할 수 있다고 생각하는 다른 이유는 뭘까? 아이들에게 '독서활동이 얼마나 재미있는지 또는 재미없는지 다른 활동(예를 들어 친구와 만남, 친구와 또는 혼자 영상 보기나 게임 같은 인터넷 활동, 야외 활동 등)과 비교해서 자기 생각을 적어보세요.'라고 묻는 질문의 대답에서 힌트를 찾을 수 있다.

독서를 좋아해도 친구와 만나 야외에서 노는 것이 더 좋다는 아이도 있고 독서가 숙제보다는 재미있지만 온라인 게임이나 보드게임보다는 재미없다고 말한 아이도 있다.

학교는 또래가 같은 시공간에 모여서 어울리는 좋은 장소이다. 공부를 하거나 시험을 칠 때는 개인별로 평가받고 모둠별 활동이어도 비교·경쟁하면서 개인별로 성적을 정하기 때문에, 사실 모여 있지만 혼자 하는 활동이 대부분이다. 그래도 아이들은 친구를 만날 수 있기 때문에 학교에 가는 것이다.

그렇다면 학교에서 친구들과 같이 어울려 읽는다면 아이들이 책을 더 재미있게, 열심히 읽지 않을까? 많은 부모들이 그런 기대와 바람으로 학교에 책읽기를 요구하는 것일지도 모른다. 그럼 더 나아가서 학교가 아니어도 친구와 함께 책을 읽는 것은 가능하지 않을까?

기억력에 문제가 있는 아이들

부모들은 대체로 자기 아이가 문해력이 좀 부족하기는 해도 크게 떨어진다고 생각하지는 않는다. 소리 내서 읽어 보라고 하면 잘 읽고, 또 어느 정도 내용을 파악하고 있으니까 말이다. 연구소에서는 독서 수업에서 줄거리를 발표하는 형태로 책 내용을 자세하고 정확하게 기억하라고 하는데 아이가 잘 기억하지 못한다고 해도 부모들은 크게 걱정하지 않는다. 책에 흥미가 없어서, 또는 노력하지 않아서, 요즘 시간이 없어 대충 읽어서 그럴 것이라고 간주하는 듯하다.

기억을 제대로 못하는 이유는 여러 가지가 있겠지만 문해력 부족도 한 가지 이유이다. 글자를 읽고 세부 내용을 이해한다고 해도 이를 전체 내용 속에서 파악하지 못하면 단순하게 자기 경험과 연결하게 되고, 결국 장기기억에서는 다르게 기억하고 해석하게 되는 것이다. 대강의 줄거리를 쓰거나 주제 등을 아는 아이들도 정확하고 자세하게 기억해 보라고 하면 전혀 엉뚱하게 말하고는 한다. 몇 가지 사례를 살펴보자.

비슷하게 기억하는 아이들

아이들은 책에 나오는 낱말을 '비슷하게' 기억한다. 이런 아이들은 얼핏 들으면 맞는 듯한데 자세히 들으면 조금씩 내용이 틀린다. 다음 예시는 송언이 쓴 옛이야기 『꾀보 막동이』(송언 글, 남은미 그림, 한겨레아이들) 앞부분을 읽고 중학교 1학년 남자아이들 3명이 기억한 것이다. 원래 문장과 아이가 기억한 문장을 비교해 보자.

원래 문장	아이의 기억
욕심이 하늘을 찌를 듯했어.	치솟아 올랐다.
하인이 어리뻥뻥하여 여쭈었어.	어안이 벙벙
대감 마님	대감님
골머리를 싸매고 누웠어.	절망적이었다.
뒷동산 밭떼기는 국물도 없었지.	국도 없다.

이렇게 원래 표현을 다르게 기억한다고 해서 내용을 독해하는 데 문제가 되지는 않지만 비슷하게 기억하는 아이들은 표현만 아니라 사실도 틀리게 기억한다.

원래 문장	아이의 기억
막동이 부모는 멀뚱멀뚱 서로를 쳐다볼 뿐이었어.	부모는 막동이를 멀뚱멀뚱 쳐다보았다.
대감은 궁금해서 밖을 내다보다 막동이를 보았다.	밖으로 나왔다.

특히 '밖을 내다보다'라는 표현을 '밖으로 나왔다'고 기억하는 아이가 많았다. 소설이어서 대강의 내용만 파악했다고 볼 수 있지만 따로 시간을 더 주고 8쪽의 짧은 분량을 자세하게 기억해 보라고 해도 여전히 이런 내용에 주의를 기울이지 못했다. 또한 이 옛이야기에는 대감의 내기가 두 번 나오는데, 첫 번째 내기는 이렇다.

"내일 점심때까지 달걀 한 꾸러미를 구해 가지고 오너라. 그런데 꼭 수탉이 낳은 달걀이어야 해."

대부분의 아이들이 '수탉이 낳은 달걀'은 기억했다. 그런데 '언제까지, 몇 개?'라고 물으면 대답하지 못했다.

또 두 번째 내기는 '내일 점심 내까지 산딸기 한 바구니'를 따오는 것인데 대감은 하인에게 "네가 이기면 뒷동산에 있는 밭뙈기 절반을 너한테 주겠다."고 했다. 그런데 많은 아이들이 '땅 절반을 주겠다'고 기억했다. 그래서 "그 대감은 고을에 있는 논밭을 모두 갖고 있는데 그 땅 절반을 준다고?" 하고 반문하면 아이들은 '논 절반인가 밭 절반인가' 중얼거릴 뿐 '뒷동산'이라는 사실을 기억하는 아이는 없었다.

거의 기억하지 못하는 아이들

한 중학교 3학년 남학생은 책을 무척 느리게 읽었다. 200쪽 한 권을 읽는 데 4~5시간이 넘게 걸렸다. 읽고 나서 기억나는 대로 발표하라고 하면 1분 정도 했다. 책을 다시 훑어보고 몇 가지 더 기억해 보라고 하면 중요한 내용이 없다고 말했다. 그래서 50쪽 정도 읽은 다음 발표를 시켰다. 역시나 1분이다. 한 권을 다 읽고 '이제 1분씩 했으니 합치면 4분을 할 수 있겠네.' 하면서 시켰는데 여전히 1분이다. 남학생은 책을 덮은 상태에서 기억할 수 있는 내용이 1분 용량밖에 되지 않는 듯했다. 그렇다면 이 학생은 책을 읽는 것 자체가 힘들 것이다. 인물의 관계나 사건의 전개 과정에서 헷갈리는 경우가 많을 테니까.

그래도 쉬운 책을 읽으면서 몇 달에 걸쳐 발표 시간이 5~10분 정도로 늘었는데, 가끔 부모님이 읽으라고 했다면서 어려운 책을 가져왔다. 그래서 『호밀밭의 파수꾼』을 두 달이 넘게 걸려 읽었다. 다 읽은 다음에 뒷부분의 의미를 물어보고 조금이라도 발표해 보라고 하자 남학생은 모르겠다면서 1분도 발표를 못 하겠다고 했다.

또 다른 중학교 2학년 여학생의 경우를 보자. 부모는 아이가 '경계성 지능장애'라는 판정을 받았다고 의사의 소견서를 보여 주면서 약을 복용하라고 권했다고 했다. 나는 아직 잠재력이 계발되지 않은 상태이기 때문에 그렇게 '낙인' 찍을 필요는 없다고 말했다.

이 여학생에게는 그림책을 읽은 다음 발표를 해 보라고 했는데,

여러 번 읽어도 기억도 못 하고 요약도 못 했다. 며칠에 걸쳐 여러 번 읽은 다음에야 가끔 배시시 웃었다. 아마도 처음으로 글의 의미를 알게 된 건 아니었을까? 같은 그림책을 열 번쯤 발표를 해도 계속 더듬거렸다. 그림책 줄거리를 요약하라고 했더니 반복되는 내용이나 '대화'를 줄이지 못했다. 일주일에 몇 번씩 수업을 받아서 제법 실력이 늘었는데, 부모는 그림책만 읽으면 언제 자기 학년에 맞는 공부를 하냐고 걱정이 많았다. 새로 옮긴 대안학교에서는 초등학교 4학년 수학 공부를 한다고 좋아했다. 이후 이 여학생은 집에서도 학교 공부를 복습하고 숙제를 하느라 그림책도 제대로 읽지 못했다.

두 아이는 성적이 좋지 않고 기억도 못하는 편이라 머리가 나쁘다는 평가를 받는다. 그래도 부모들은 공부 습관이나 노력이 중요하다며 다른 아이들과 똑같이 자기 학년에 맞는 공부를 시킨다.

하지만 연구소에서는 기억하는 수준을 고려해서 책을 추천한다. 소리 내서 읽게 하고, 읽어줄 때는 책을 보면서 듣게 한다. 기억력이 낮은 아이들에게는 짧게 읽고 발표를 시킨다. 10분 읽고 1~2분 정도 발표시키는데, 그래야 집중을 한다.

그런데 기억력이 낮다고 인정하기 어려운 아이들이 있다. 이를테면 읽기가 유창하다든가, 태도가 좋다든가, 학교 성적이 좋다든가, 단기기억이 뛰어나든가 등의 다른 모습 때문에 제대로 판단하는 데 시간이 오래 걸린다. 게다가 독서 수업을 통해 기억력이 부족하다는 증거를 보여 줘도 부모는 좀처럼 인정하지 않는다. 그러다 보니 자기 수준에 맞는 책을 선택하지 못하고, 그래서 아이는 기억하는 것을 힘들어하고 기억력이 좀처럼 오르지 않게 된다.

한 초등학교 2학년 여자아이는 유창하게 그림책을 읽었다. 보통은 소리 내서 읽으라고 하면 더듬더듬 목소리가 기어 들어가는데 이 아이는 친구와 달리 신나서 읽는다. 그런데 유창하게 읽는 아이가 친구보다 기억하는 양이 더 적고 발표도 더 짧았다. 유창하게 읽는다면 책을 많이 읽었을 테고 당연히 기억도 잘 할 것이라고 생각했는데 예상과는 달랐다.

또 다른 초등학교 4학년 남자아이 둘은 자기들은 모범생이 아니라고 말하지만, 태도가 매우 좋았다. 기억하려고 애쓰는 태도도 진지했다. 발표하다가 멈출 때 표정을 보면 뭔가 생각하는 모습이다. 부모도 어렸을 때 책을 많이 읽어줬다고 하고, 현재 성적도 괜찮은 편이라고 했다. 그런데 기억력이 좋지 않았다. 보통 아이들은 발표할 책을 스스로 고르라고 하면 대체로 자기 수준에 맞거나 그보다 쉬운 책을 택하는데 이 아이들은 쉬운 책, 어려운 책 구별 없이 선택했다. 먼저 그림책을 읽고 10분 발표를 시키고, 다시 10분 발표한 분량만 다시 읽고 발표를 하라고 했다. 시간이나 내용이 별로 달라지지 않았다. 다시 소리 내서 읽으라고 했더니 각각 7분, 9분 걸려 읽었다. 다시 10분간 발표하는데 둘 다 시간과 내용이 줄었다. 보통 아이들한테 다시 읽고 발표를 시키면 처음보다 자세하게 기억할 수 있으므로 시간이 길어지거나 내용이 많아지는 형태로 좋아지는데, 이 아이들은 별로 차이가 나지 않았다. 나는 6개월이 지나서야 이 아이들이 책을 읽고 생각하는 것이 아니라 그저 '멍 때리고' 있는 것이라고 평가를 바꿨다.

엉뚱하게 바뀌는 내용

더 특이한 아이들도 있다. 초등학교 5학년 남자아이 2명은 공부를 잘할 뿐더러 책을 빨리 읽고 자신감도 높았다. 한 명은 300쪽 되는 판타지동화를 1시간도 안 걸려 읽어낸다. 그리고 글도 길게 쓴다. 그중 한 명은 자기주장이 매우 뚜렷하다. 그런데 기억을 워낙 못해서 쉬운 책으로 기억력 공부를 하자고 설득했다. 10쪽이 안 되는 짧은 이야기로 서정오의 옛이야기 중 「바보 남편 인사 배우기」를 읽고 발표시켰다. 줄거리는 이렇다.

아내가 인사도 못하는 남편을 가르친다. 남편 발가락에 실을 묶고 아내가 방 밖에서 실을 당기면 시키는 대로 말하라고 연습을 시켰다. 처음에 당기면 "어서 오시오.", 두 번째 당기면 "여보, 밥이나 한 상 차려오오.", 세 번째 당기면 "차린 건 없지만 많이 드시오.", 네 번째 당기면 "벌써 가시려우? 안녕히 가시오."라고 외우게 했다. 어느 날 장인어른이 왔는데, 남편이 세 번째까지 시키는 대로 인사를 잘 하길래, 아버지가 밥을 다 먹으려면 시간이 걸리겠다 싶어서 아내는 남편 발을 당기는 실을 소뼈다귀에 묶어놓고 물을 길러 우물에 갔다. 그런데 그때 강아지가 와서 소뼈다귀를 보더니 물고 계속 잡아당겼다. 그러자 남편이 "벌써 가시려우? 아야, 어서 오세오. 아야, 여보, 밥이나 한 상 차려 오오, 아야."라고 연달아 말한다.

이 이야기를 읽고 한 아이는 "아내가 소를 몰고 우물에 갔다."고 말해서 왜 갔냐고 물으니, "산책시키려고"라고 대답했다. 다른 아이는 "소를 가두는 곳을 뭐라고 하지요? 그 기둥에 실을 묶었어요."라고 발표했다. 그래서 "그런데 왜 남편이 인사를 계속 하니?" 물으니, "강아지가 가다가 실에 걸려 넘어졌으니까요." 하고 답했다. "그럼 한 번 인사하겠지?" 하고 말하니까, 다시 "강아지가 이게 뭔가 하고 줄을 자꾸 잡아당겼어요."라고 했다. 이렇게 **책 내용을 정확하게 기억하지 못하고 자기 마음대로 내용을 바꾸는 아이들이 많다.**

부모와 상담을 하면서 아이들이 책 내용을 잘못 기억한다고 하면 상상력이 풍부하다고 돌려 대답한다. 그럼 이 문제에 대해 더 이상 말하기가 꺼려진다.

역시 공부를 잘하는 초등학교 4학년 여자아이 4명이 있었는데, 이 아이들은 기억을 잘했다. 발표하기 전에 책을 훑어볼 시간을 주긴 하지만 기억력이 상당히 높은 수준이었다. 그래서 장기기억은 어느 정도일까 궁금해서 점검해 봤다. 『안녕, 캐러멜』(곤살로 모우레 지음, 주니어김영사)이란 동화는 사막을 배경으로 이야기가 전개된다. 벙어리 주인공이 낙타와 친구가 되어 이야기를 주고받으면서 시를 쓴다. 여기에 시 4편이 나오는데 이를 몇 번에 걸쳐 외우도록 했다. 그중 시 한 편은 "구름 속에는 / 솜풀을 뜯고 / 하늘의 우물을 마시는 / 새하얀 낙타가 있고 // 해님 속에는 / 불꽃풀을 뜯고 / 하늘의 우물을 마시는 / 황금빛 낙타가 있지요."라고 이어진다.

    3개월 뒤 시 첫 줄만 쓴 종이를 주고 다음 내용을 쓰게 했다. 나는 아이들이 '구름-솜풀-새하얀', '해님-불꽃-황금빛'의 이미지를 연결해서 기억하는지 확인하고 싶었다. 하지만 연결시켜 기억한 아이는 한 명도 없었다. 그런데 놀랍게도 낙타 대신 온갖 동물이 다 나왔다. 소, 말, 양, 개 등. 기억을 잘하는 아이에게 "책에 낙타 그림도 많이 나오는데 어떻게 '소'라고 썼니?"라고 물었더니 그는 "소도 우물우물거리잖아요?" 하고 대답했다.

문해력이 부족한 이유와
진짜 책읽기

책에 빠져드는 시간

아이들의 문해력이 떨어지는 진짜 이유는 우선 책을 읽지 않아서이다. 책을 많이 읽는데도 문해력이 떨어진다면 그 아이는 내용을 파악하거나 기억하지 못하고, 읽는 흉내를 내거나 읽는 시늉만 했을 뿐이다. 그럼 아이들은 왜 책을 안 읽을까? 대다수 아이들은 책이 재미가 없다거나 특히 평가 때문에 짜증이 난다고 답한다. 책을 대충 읽는 아이들은 내용이 어렵거나 과제를 어떻게 해야 할지 몰라서라고 답한다.

그런데 부모나 교사들은 책을 대충 읽는 아이들 때문에 독후활동을 하고 평가를 한다고 말한다. 평가를 하지 않으면 책장만 휘리릭 넘기고 다 읽었다고 할 것이라는 말이다. 교사는 대충 읽어서 독후활동을 한다고 하는데, 아이들은 독후활동 때문에 대충 읽는다고 하니 누구 말이 맞을까? 대충 읽기와 독후활동 중 어느 쪽이 원인인지 알기 어렵지만 둘의 상관관계는 꽤 높을 것이다.

책을 안 읽는 이유로 시간이 부족하다는 답변도 많이 나온다. 책을 좋아하는 아이나 예전에 책을 많이 읽던 아이들이 특히 그렇게 답한다. 공부할 것이 많아서 그럴 것이다. 소설 같은 경우 한 번 붙잡으면 중간에 멈출 수가 없다. 그런데도 부모들은 아이가 책을 볼 때 "오늘 할 거 다 했어?" 하고 물으면서 간섭하게 된다.

게다가 학년이 올라갈수록 두꺼운 책을 읽게 되는데 책의 배경을 파악하고 이야기 속 시공간으로 들어가는 데는 시간이 걸린다. 책을 잘 읽는 아이들도 책에 빠져들면 재미있다는 것을 아는데 길게 읽을 시간을 확보하기가 힘들다고 말한다. 한 번 책을 붙잡으면 30분이나 1시간 이상은 읽어야 하는데 그렇게 읽을 여유를 만들기가 어렵다.

독후활동과 책읽기의 상관관계

문해력이 부족한 진짜 이유를 '첫째 책을 안 읽어서, 둘째 책을 대충 읽어서'라고 한다면 어떻게 책을 읽도록, 그것도 제대로 읽도록 할 수 있을까? 이런 고민을 바탕으로 몰입독서는 새로운 접근법을 갖고 책읽기를 시도했다.

우선 **책의 수준을 낮추었다.** 아이에 따라 자존심이 강한 아이는 저항할 수도 있으니 '네 독해 수준에는 맞지 않지만 내용을 자세하게 기억할 수 있는 수준의 책을 읽어야 문해력이 높아진다'고 설득한다. 물론 소설을 읽게 한다. 소설은 재미있어서 몰입이 가능하다. 많은 학부모들이 소설은 공부에 도움이 되지 않는다고 하는데 소설 읽기는 읽기 성적과 밀접한 관련이 있다. 이 내용은 뒤에서 자세하게 설명할 것이다. 비소설은 재미를 느끼기는커녕 내용을 거의 기억하지 못한다. 책을 잘 읽거나 기억력이 좋은 아이들을 대상으로 비소설의 내용을 말로 발표하게 하는 경우가 있는데 경험상 아무리 빨라도 중학교 3학년 정도는 되어야 한다.

읽을 시간이 없다는 대답에 대한 고민 끝에 **책 읽는 시간을 길게 확보했다.** 긴 시간을 읽으면 뭔가 해냈다는 느낌이 들고, 또 실제로 책 속 세계에 빠지는 데도 부담이 없다. 게다가 책을 잘 못 읽는 아이가 긴 시간 몰입해서 책을 읽었다는 점에 부모들도 만족할 수 있다. 쉬는 시간을 주고 놀이터에 나가 몸을 풀어주는 중간 과정이 있어 긴 시간 책을 읽어도 지치지 않는다.

더구나 혼자 읽는 것이 아니라 친구들과 이왕이면 선후배와 한 공간에서 읽으면 더 좋다. 친구들 간에는 간혹 경쟁심이 생겨 자기와 맞지 않아도 수준 높은 책을 고르는 경우가 있기 때문이다. 아이들은 누군가와 같은 활동을 할 때 활력이 생긴다. 비교·경쟁하는 것이 아니라면 협력까지는 아니어도 동조 현상이 생긴다. 교사나 부모가 책을 제대로 읽지 않는다고 지적하면 반발하는 아이들도, 옆의 선후배가 몰입해서 읽는 모습을 보면 힘들어도 참고 책을 읽을 수 있다.

독후활동에 대한 고민 역시 낯설게 접근했다. 흔히 학교나 다른 독서 프로그램에서는 책을 잘 읽지 못하는 아이들을 위해 독후활동 양식을 쉽게, 짧게 쓰도록 했다. 그리고 설명을 많이 해 주었다. 그런데 이 때문에 아이들은 책을 대충 읽어도 설명을 듣고 쓸 수 있다. 이 내용만으로는 아이들이 제대로 독해했는지 파악하기 힘들다. 독후활동 양식이 복잡해져야 제대로 읽고 있는지 확인할 수 있는데, 그럼 다수의 아이들이 힘들어 하거나 너무 많은 시간이 걸려서 책읽기에 방해가 된다.

그렇다면 독후활동을 없애면 어떻게 될까? 아이들이 쓴 독후활동지가 아니라 읽고 있는 태도로 제대로 읽고 있는지 파악할 수는 없을까? 태도 관찰이 쉽지는 않지만 적어도 그 아이가 좋아지고 있는지 정체되고 있는지는 파악할 수 있다.

독후활동을 최소로 하면 아이들은 자유로움을 느낀다. 다른 곳에서는 책을 읽고 뭔가를 써내야 했는데, 몰입독서에서는 책 목록을 쓰거나 읽은 책, 읽을 책을 소개하는 정도의 활동만 하다. 평가를 거의 하지 않기에 아이들은 긴 시간 몰입해서 읽을 수 있고 재미를 느낄 수 있다. 몰입이나 책읽기 자체를 중요하게 생각하는 학부모들은 대체로 만족해한다.

문제는 눈에 보이는 결과물이 없다는 점이다. 그렇다면 현장에 참여하지 않는 사람, 특히 독후활동을 당연하게 생각하는 독서 전문가들을 어떻게 설득할 수 있을까? 문해력 향상을 입증하려면 대규모 표본조사를 통해 대조집단과 비교해야 하는데 민간 수준에서는 가능하지 않다. 대신 몰입독서에 관한 정보와 참여 관찰을 자세하게 기록해서 보여 주는 수밖에 없다.

발상을 바꾼 몰입하는 독서법

'몰입독서'는 앞에서도 말했듯이 또래 또는 선후배가 한 장소에 모여서 긴 시간 동안 함께 책을 읽는 활동이다. 가정보다는 도서관 등 책으로 둘러싸인 곳에서 읽는 것이고, 독후활동을 거의 하지 않기에 집이나 학교에서 또는 학교 밖에서 흔히 볼 수 있는 독서지도와는 크게 다르다.

그런데 아이들에게 책을 읽히려고 할 때 부모가 주로 생각하는 것은 '무슨 책을, 어떻게, 왜' 읽을까이다. 즉 소설보다는 역사나 과학책을 읽어야 할 텐데 학습만화라도 권해야 할지, 독후활동을 위해 독서지도를 받아야 할지, 아이가 속독하는데 제대로 읽는다고 봐야 하는지, 휴식을 위해 만화 등 흥미 위주의 책을 읽을 때 이를 허용할지 말지 등을 고민한다.

하지만 '언제, 어디서, 누구와 함께' 읽으면 좋을지에 대해서는 별 생각이 없다. 자투리 시간에, 방 안에서 혼자 읽는 것에 대해 의문을 품은 적이 없기 때문이다. 그런데 정말 그것이 최선일까? 발상을 전환하여 '무엇을, 어떻게, 왜'라는 의문 대신에 '언제, 어디서, 누구와 함께'라는 의문으로 독서 문제를 풀어보면 어떻게 달라질까? 즉,

시간이나 공간, 그리고 관계라는 측면에서 바람직한 독서 환경을 고민해 보는 것이다.

시간   자투리 시간이 아니라 시간 정해서 읽기

아이들 대부분은 책을 잘 읽지 못한다. 여유가 없거나 책보다 다른 매체를 더 좋아하기 때문이다. 그럼에도 책 읽는 시간이 따로 정해진 경우는 거의 없다. 학교 과제로 주어진 책도 임박해서 급하게 읽는 경우가 많다. 성적이 분명하게 나타나는 과목이 아니니 독서가 우선순위에서 밀리는 것은 당연하다.

게다가 요즘 아이들은 일상에 여유가 거의 없기 때문에 책을 읽게 하려면 시간을 정해야 한다. 시간을 정해서 읽는 건 책을 읽는 것 이외에 더 중요한 이유가 있다.

요즘 아이들은 공부할 때 단기기억을 중시하고, 지식 간의 통합을 고려하지 않는다. 또 모르는 내용을 탐구하기보다 아무 생각 없이 수용하는, 시험을 준비하는 형태로 공부하고 있다. 그래서 시험이 끝나면 내용을 대부분 잊어버리고 만다. 독서도 이런 식으로 진행한다. 재미있는 책도 며칠 지나면 주인공이나 책 제목도 기억하지 못하고, 읽다가 또는 다 읽은 다음에 다시 훑어본다거나 예전에 읽은 책에서 관련된 내용을 찾아본다거나 한 경험이 거의 없다. 아이들은 재미없다거나 중요하지 않다는 이유를 대면서 기억할 필요가 없고, 기억나지 않는다고 말한다.

그렇다면 책 읽는 시간을 정해 주고 책읽기 이외에 다른 숙제나 공부를 하지 못하게 한다면 책을 쫓기듯 읽지 않고 여유롭게, 음미하면서 읽을 거라 기대할 수 있다. **책읽기를 조금이라도 좋아하는 아이는 '정말 책 읽을 때 방해받지 않았으면 좋겠다.'라고 말한다.** 책을 읽고 생각할 줄 아는 아이를 원한다면 우선 책읽기 시간부터 확보하는 것이 필요하다.

장소   책으로 둘러싸인 낯선 공간에서 읽기

아이가 책을 읽을 때를 생각해 보자. 책을 읽으면서 상상의 세계로 빠져 들다가도 주변을 둘러보면 어떤 생각이 들까? 자기 방이라면 익숙한 물건들이나 할 일 등이 눈에 들어오면서 책 속 세계에서 곧바로 빠져나오게 될 것이다. 책상 위의 문제집이 눈에 들어올 것이고, 책상 밑에 숨어 있는 각종 놀이 도구를 갖고 놀던 경험이 나도 모르게 떠오를 것이다. 거실이라면 텔레비전이나 컴퓨터 등이 보일 것이고 읽고 있는 책보다 예전에 보았던 영상 등이 더 영향을 미칠 것이다.

어른도 마찬가지다. 집에서 혼자 책을 읽을 때 휴대전화나 집안일이 신경 쓰여 집중하지 못하는 경우가 많다. 그래서 카페에 가서 책을 읽는 사람들이 늘어나고 있다.

이런 점을 고려하면 책읽기를 자기 방이 아닌 다른 곳에서 읽는 쪽으로 방향을 바꿀 필요가 있다. 이왕이면 책으로 둘러싸인 낯선 공간에서 읽을 때 책에만 집중할 수 있다. 일주일에 한두 번 또는 방학 때 일정 기간을 정해서 그런 곳에서 책을 읽게 한다. 도서관이

제일 적절한 환경인데 한계가 많다. 정보 위주의 책이 많아서 부모가 같이 가거나 읽을 책을 지정해 줄 필요가 있다. 그렇다고 부모가 아이 책을 직접 읽고 판단하기는 쉽지 않다. 다행히 학교나 독서단체에서 추천하는 책들이 있으니 어떤 기준을 정해서 그중에서 책을 선택하여 읽게 하고, 남는 시간에는 아이 스스로 다른 책을 골라서 읽게 하면 좋다.

그런데 문제는 늦게까지 문을 여는 도서관이 많지 않아 아무 때나 이용할 수가 없다는 점이다. 몇몇이 모여서 카페 같은 공간을 빌리거나 품앗이처럼 친구 집을 돌아가면서 활용하는 것도 좋은 대안이다.

대상   혼자가 아니라 선후배와 함께 읽기

책을 집중해서 읽으려면 누군가에게, 또는 무엇에도 방해받지 않아야 한다. 그래서 형편이 좋을수록 아이들에게 방을 따로 주고 그곳에서 혼자 책을 읽으라고 한다. 특히 부모가 책을 좋아하지 않고 텔레비전을 즐겨 본다면 아이가 거실에 나오는 것은 공부하지 않을 때뿐, 자기 방에서 읽는 것을 당연한 것으로 여긴다.

그런데 과연 혼자 있을 때 집중이 될까? 요즘처럼 과제는 쌓여 있고 경쟁이 내면화된 상태에서 조용한 공간에 혼자 있다고 집중할 수 있을지 의문이다. 어른이든 아이든 정보와 영상들이 내 의지와 상관없이 머릿속에 돌아다니고 있다. 앞뒤로 해야 할 일이 꽉 차 있어 자유롭지 못하다.

그러니 발상을 바꿔 보자. 혼자 읽는 것이 아니라 다른 사람과 함께 읽는 것이다. 물론 불편할 터이고, 더구나 옆에 아는 사람이 있다면 집중하는 데 방해가 될 것이다.

하지만 <u>같은 공간에서 나와 같이 책을 읽는 사람이 있다는 것은 무엇인가 공통의 일을 하고 있다는 느낌을 주기 때문에 심리적으로 쫓기지 않는다.</u> 그러므로 가능하면 도서관처럼 모르는 사람들과 함께 읽는 것보다는 친구들 또는 선후배와 함께 읽는 것이 좋다. 친구라면 서로 책 두께나 속도를 비교하며 은근히 경쟁하는 경향도 있다.

바람직한 독서 환경을 꾸미려면

우선 책읽기를 중시하는 부모들과 기본 협의를 한다. 전문가에게 지식을 배우는 것이 아니라 독서 능력을 스스로 높이는 것에 목표를 두기 때문에 다른 독서 공부와 다르게 접근해야 한다.

일단 어떤 책을 읽을지를 정할 때는 주로 동화를 정한다. 물론 판타지보다 생활동화부터 권하지만 추천도서에 나오는 판타지는 아이에 따라 허용하기도 한다. 지식 책을 허용하면 시간이 지남에 따라 잡지, 학습만화 등을 주로 읽는 경향이 있다. 그리고 경험 있는 학부모가 가르친다고 하면 다른 공부와 다를 바 없다. 그래서 확인이나 평가는 최소화할수록 좋다. 그런 다음 누가 참가할지 대략 인원을 정한다. 학년이 다른 아이도 좋고, 가능하면 중·고등학생도 참가하면 좋다. 방학 때 하루 3~6시간 이상, 3일 이상, 또는 평소에 일주일에 한 번 2~4시간, 또는 격주로 4~6시간 책을 읽기로 시간을 정한다.

그다음에는 장소를 정한다. 카페 등 별도의 공간을 확보할 수 있으면 좋고, 그렇지 않다면 집에서 하거나 도서관 한쪽 구역에 모여 같이 읽기로 한다. 어느 곳이든 부모가 읽을 책을 정하거나 준비해야 한다.

시간이 길어지면 간식 또는 점심을 제공하고, 저학년에게는 중간에 밖에서 잠깐 뛰어 노는 시간을 허용한다. 쉬는 시간은 아이의 집중 상태를 고려해서 정하는데, 대체로 50분 읽고 10분 쉬도록 한다. 집중력이 약하다면 40분 단위로 읽고 쉬는 것도 좋다. 물론 중간에 화장실은 언제든지 다녀올 수 있게 한다.

당연히 부모가 참여해서 아이들의 읽는 태도를 관찰해야 한다. 독서능력 향상이라는 목표가 있기 때문에 우선 집중력의 상태, 변화 등을 특히 유의해서 살펴야 한다. 부모도 같이 책 읽는 모임으로 한다면, 부모가 계속 관찰할 수 없으니 아이들에게 더 많은 자유를 허용해야 할 것이다.

이 정도로 몰입독서를 시도할 만하다고 생각하면, 더욱 자세한 몰입독서 실천법은 3장에서 자신에게 맞는 구체적인 방법을 찾을 수 있다. 육하원칙에 맞춰 정리했기 때문에, 부모들이 아이들과 몇몇 친구들과 함께 몰입독서를 진행할 수 있을 것이다.

현 독서 실태와 몰입독서의 필요성

* 「구립서초어린이도서관 진행, '몰입독서' 운영 사례」에서 발췌함

도서관장 이은희

1. 현 독서 실태

요즘 아이들이 '책을 읽지 않는다'거나 '책을 읽고 이해하지 못한다' 또는 '책읽기를 즐겨하지 않는다'는 평가를 자주 듣게 된다. 그런데 놀랍게도 국제적으로 비교한 내용을 보면 다른 결론이 나온다. 우리나라 아이들이 상대적으로 책을 읽는 비율이 높고, 또 이해력도 높다.

2015년도 『국민 독서실태 조사』에 따르면 성인 연평균 독서율은 65.3%였다. 독서율은 지난 1년 동안 교과서, 학습참고서, 수험서, 잡지, 만화(웹툰)를 제외한 일반 도서를 1권 이상 읽은 사람의 비율을 말한다. 이 비율은 2013년에 비해 6.1% 감소했다. 그리고 성인 34.7%는 1년에 책 1권도 읽지 않는다. 그래서 위 조사 결과의 시사점으로 한국출판연구소는 '국민 독서율 증대를 위한 독서 진흥정

책을 강화'할 필요가 있다고 밝혔다.

그런데 OECD 가입국가의 연평균 독서율과 비교해보면 우리나라는 평균보다 크게 낮지 않다. 2013년 기준으로 OECD 독서율(전자책 및 만화 포함)의 평균은 76.5%인데 비해 우리나라의 독서율은 74.4%이다.

김은하(2015)가 해외 주요국과 비교한 보고서•를 보면 연령별 독서율이 나온다. 한국의 16~24세는 87.4%로 조사 대상국 평균 78.1%보다 매우 높다. 성인 독서율이 높은 스웨덴, 덴마크, 핀란드의 16~24세 독서율보다 더 높게 나온다(24쪽).

독서율뿐 아니라 읽기 능력 면에서도 우리 아이들은 매우 높은 수준에 속한다. 15세 학생들을 대상으로 조사한 PISA (Programme for International Student Assessment, OECD 국제 학생평가)의 결과를 보면 우리의 독서 실태는 매우 긍정적이다. 읽기 능력은 2003년부터 계속 OECD 내 순위가 1~2위(전체 참가국 내 순위는 1~5위)에 속했기 때문이다. 더구나 2000~2012년 읽기 영역의 국가별 평균 점수와 점수차를 보면 한국은 525점에서 536점으로 11점이 향상되었다. 대조적으로 핀란드는 22점(546→524) 하락, 스웨덴 33점(516→483) 하락했다.

위 결과들을 종합하면 우리 아이들은 책 읽는 비율이 높고 또

● 『2015년도 해외 주요국의 독서실태 및 독서문화진흥정책 사례 연구』. 문화체육관광부. (연구책임자 김은하)

읽기 수준도 충분하다고 할 수 있다. 예전의 독서지도나 독서교육의 결과일 수 있다. 김은하는 위 보고서에서 "한국의 16~24세 인구는 2003년부터 시작되어 2007년에 끝난 교육인적자원부의 1차 5개년 학교도서관 활성화사업의 최대 수혜자들이다. 이들은 또한 1990년대의 풍부한 어린이 청소년 도서 출판기에 아동기와 청소년기를 거쳤다. 학교 수업에서도 책을 교재로 활용하는 사례가 늘어났고, 숙제, 수행평가, 입시, 사교육 등을 통해 독서가 매우 강조되었다."(25쪽)고 해석하고 있다.

그렇다면 이제 남은 분야는 독서지도나 독서교육이 지나침으로 인해 희생된 책읽기의 즐거움을 다시 살리는 것이다. 많은 독서 관계자들이 현재의 독서 활동은 독서경험보다 독서교육에 중점을 두고 있어 '독서와 독후활동이 주객전도'되었다거나 '독서가 교육의 수단으로 전락했다'고 비판한다. 김명순(2012)은 "지나친 독후활동에 매여 읽기의 즐거움은 실종되고 해결할 과제만이 남는 독서운동"은 문제가 많다고 하면서 "그냥 읽기만 하면 안 되냐?"고 되묻고 있다. 김상욱(2012)도 "독서의 궁극적인 본질은 생각하는 과정 그 자체의 즐거움"이라면서 "어쩌면 독서는 어떤 현실적인 유용성도 갖지 않음으로써" 의미가 있다고 강조한다.

그렇지만 권재원(2015)*은 "왜 순위가 높은데도 인재는 부족할

● 권재원. 2015. 『그 많은 똑똑한 아이들은 어디로 갔을까?-OECD 국제 학생 평가 12년의 보고서 최초 분석』 서울. 지식프레임.

까?"라고 물으면서 PISA 결과를 다른 각도에서 분석한다. "PISA가 중요하게 여기는 자료는 평균이나 순위보다는 학생들의 분포다. 얼마나 많은 학생들이 5등급* 이상에 분포하고, 또 얼마나 적은 학생들이 3등급 미만에 분포하는지가 중요한 의미를 지닌다."(117쪽)고 말한다.

왜냐하면 PISA가 말하는 5등급은 "이른바 지식노동자로서 새로운 지식과 정보를 창조할 수 있는 수준이기 때문이다. 이 등급에 해당하는 학생들은 앞으로 그 나라의 인재 풀을 이룰 것이며, 잠재적인 생산력의 원천이 될 것이다. 반면 3등급에 못 마치는 학생들은 읽기 소양을 갖추지 못한 학생들이다. … 이들은 앞으로 지식정보사회에서 노동자로서 일하기에 부적합하다는 뜻이다."(117-118쪽)

핀란드는 78%가 3등급 이상을 기록하였고, 특히 5등급 이상의 학생도 전체의 18%나 되었다. 우리나라는 3등급 이상 학생의 비율이 76%여서 2위를 차지했지만 5등급 비율은 6%에 불과했다. 5등급 이상의 비율로 다시 순위를 매길 경우 20위로 떨어진다. 그래서 권재원은 '우리는 미국보다 학습부진아가 훨씬 적어서 전체 평균이 높은 것일 뿐, 최상위권 학생의 비율은 미국보다 5%나 적다'고 지적한다.

이렇게 평균만 높고 상층의 비율이 적은 것은 읽기 능력만이 아

● 읽기 소양의 3등급은 자료를 해석할 수 있고, 4등급은 자료를 비교 분석할 수 있는 것에 비해 5등급은 자료를 비판적 성찰적으로 평가할 수 있고, 6등급은 문제를 해결하기 위한 가설을 세우고 이를 검증할 연구 전략을 짤 수 있는 역량을 말한다.

니다. 독서율도 그러하다. 김은하가 조사한 위 보고서에 따르면 "우리나라 국민은 매일 읽는 독자의 비중이 조사 국가 중에서 가장 낮은 반면, 한 달에 한두 번 읽는 독자의 수가 가장 많다. 우리나라는 습관적 독자*의 비율이 25.1%(OECD 평균 40.1%)로 낮고, 간헐적 독자의 비율이 49.3%(OECD 평균 36.4%)로 높다."(1쪽)

위 보고서에서 나오는 16~24세의 독서율을 비교해도 결과는 비슷하다. 습관적 독자의 비율이 34.0%인데 비해 OECD 평균은 40.3%이고 스웨덴이나 덴마크 등은 각각 49.7%, 56.8%로 우리보다 훨씬 높다(24쪽).

2. 몰입독서의 필요성

그럼 미래의 독서는 독서의 즐거움을 놓치지 않으면서 '습관적 독자'의 비율을 높이고, 읽기 능력 5등급 이상의 학생을 확대하는 방향으로 전개되어야 할 것이다. 그런데 이 3가지 요소를 어떻게 배합하고 어디에 초점을 둬야 할까?

우선, 읽기 능력은 읽기 시간과 비례하는 경향이 있다. 김성준(2014)이 전라북도 학생 1,285명의 실태조사에 의해 밝힌 바에 따르면 "학생의 독서능력에 영향을 미치는 요인 중에는 독서교육보다

• 김은하는 매일 읽는 독자와 일주일에 몇 번 읽는 독자를 '습관적 독자'라고 하고, 한 달에 한두 번 읽거나 몇 달에 한 번 읽는 독자를 '간헐적 독자'라고 말한다.

구립서초어린이도서관에서 진행한 몰입독서 모습. 아이들이 각자 독서대를 이용해 책을 읽고 있다. 고학년과 저학년이 섞여 있으며 아이들 옆에는 책이 여러 권 놓여 있다.

독서경험의 영향력이 상당한 것으로 나타났다"고 한다. 또 권은경(2012)은 2009년도 PISA에서 제공한 '독서 태도'와 우리나라의 『국민 독서실태 조사』를 비교하면서 "즐거움을 위한 독서가 읽기 성취도와 강한 정적 관계에 있다"(249쪽)고 말한다. 그렇다면 읽기 능력은 다른 두 요소에 종속되므로 '즐거움'과 '읽기 시간'이라는 두 요소를 주로 고려해도 좋을 것이다.

  우선 독서의 즐거움을 느끼게 하면서 책을 읽는 시간이나 분량을 확대하는 방향이 있고, 반대로 긴 시간 책을 읽으면서 즐겁게 읽을 수 있는 환경을 꾸며주는 방향, 두 가지가 가능할 것이다.

전자의 한 예를 들어보자. 김성란(2015)은 국립어린이청소년도서관 주관으로 열리는 전국도서관 독서교실 운영 프로그램을 비판*하면서 '달작은도서관'의 '난 이만큼 읽을 거예요' 프로그램 사례를 소개한다. 여름독서교실의 경우 총 36일간 시행하고 독서량을 보면 초등학생 11~13세의 경우 19명이 완료하고 1명 평균 8권을 읽었다고 한다. 청소년은 10명이 완료하고 1명 2권을 읽었고, 성인은 20명이 참여하고 1명 7권을 읽었다. 이것은 자발적인 책읽기를 독려하는 입장이기 때문에 집에서 읽어도 좋고, 만화책도 허용하는 편이다. 그래서 아이들은 "경제, 도깨비 이야기, 판타지, 공포이야기, 과학이야기 등 나름대로 주제를 정해 책을 읽거나 학교에서 방학숙제로 내준 권장도서"(150쪽)를 읽었다.

이와 달리 후자, 즉 긴 시간 책을 읽으면서 즐거울 수 있는 환경을 꾸미는 방향은 어떠할까? 많은 사람들이 긴 시간 동안 책을 읽는다면 강제성을 띠지 않을 수 없고 그렇다면 독서의 즐거움을 느낄 수 없다고 말한다. 그런데 권은경(2012)은 "독서 자체가 목적이 되어 독서를 즐기는 행위인 몰입은 즐거운 독서를 유도하는 중요한 요소"(264쪽)라고 말한다. 그러므로 소설 읽기를 통해 학생들은 즐겁고 자율적으로 몰입할 수 있으므로 즐거움을 느낄 수 있을 것이다.

읽기 성적이나 읽기 능력 등의 교육적 명목을 앞세워 '정형화된

● 프로그램이 5일 정도로 상당히 짧고 1인 독서량도 4권에 불과해서 참여자의 지속적인 책읽기를 유도하기엔 부족함이 있다고 지적한다.

독후활동을 하고 그 결과물에 성적'을 매기거나 평가를 한다면 아이들은 독서의 즐거움을 느끼지 못할 것이다. 대신 만화나 흥미 위주의 책이 아니어도 소설을 장시간 몰입해서 읽고 이를 평가하지 않는 환경을 만든다면 우리 아이들은 독서의 즐거움을 느끼면서 장시간 책을 읽을 수 있을 것이다.

2장
몰입독서의 효과

독서로 달라지는
아이들

독서 효과를 스스로 느끼는 아이들

　　　　　　　　실제로 책을 읽게 하려면 책을 구입해 주거나 독서지도 학원에 보내는 방식으로 지원하는 것보다 몰입독서가 더 확실하다. 심지어 도서관에 같이 가는 경우에도 책읽기가 겉돌 수 있는데 몰입독서에서는 그렇지 않다. 서초어린이도서관에서 관찰한 경험으로 보면 도서관에 온 아이들의 3분의 1은 문제집을 풀고, 3분의 1은 만화나 잡지를 보고, 3분의 1 정도만 책을 읽었다. 그렇지만 몰입독서에서는 다른 아이들도 책을 읽으니까 본인도 당연히 책을 읽는다. 더구나 평가하지 않으니 눈치를 보거나 읽는 척할 필요도 없다.

　요즘 아이들은 시간이 없어 책 한 권을 한자리에 다 읽지 못하고 부분, 부분 읽는다. 하루이틀 지나 다시 읽을 때 이미 읽은 내용이 기억나지 않아도, 앞으로 돌아가 다시 읽거나 확인하지 않고 그냥 접어놓은 부분부터 읽는다. 그러다 보니 흥미도 떨어지고 책에 몰입되지도 않는다. 책을 좋아하지 않는 아이들은 읽으면서 늘 다른 생각을 한다. 어떻게 하면 게임을 할 수 있는지, 무엇을 하며 친구와 놀 수 있는지, 또 학교나 학원 숙제는 언제 해야 하는지. 책 한 권에 푹 빠져들기에는 아이들의 삶이 너무 복잡하다.

몰입독서에서는 이런 것들이 차단된 채 4~6시간 동안 책을 읽는다. 한자리에서 한 권을 다 읽을 수 있고, 집중해서 책을 읽으니 재미를 더 느낄 수 있다. 공부나 숙제가 걱정되기도 하지만 나보다 높은 학년의 선배도 책을 읽으니까 안심이 된다. 다들 책만 읽는 환경에서 나도 같이 읽으니, 집중이 잘 되고 기억이나 독해도 더 잘 되는 것 같고 시간이 더 지나면 기억력이나 독해력이 높아지고 있다는 생각이 들게 된다.

책을 읽는 것만으로 부모가 걱정하는 문해력 문제가 쉽게 해결되지는 않을 것이다. 그렇지만 책을 읽지 않고 문해력이나 사고력을 높일 수 있을까? 아무리 영상 시대라고 해도 **읽기가 부족해서 발생하는 문해력 문제는 읽기에서 해결책을 찾아야 한다.**

책을 읽고 흥미를 느낄 수준이면 문해력이 크게 부족하지는 않을 것이다. 물론 아이들이 여러 번 반복해서 보는 판타지나 흥미 위주의 책은 대충 읽어도, 중간부터 읽어도 재미를 느끼므로 이런 책 읽기를 통해서는 문해력이 높아지지 않을 것이다. 그런데 방송에서 나온 대로 문해력이 크게 떨어지는 아이들은 이런 책들도 잘 읽지 못하거나 재미없어 할 가능성이 높다.

반면 구성이 다소 복잡하고, 우리 삶과 비교할 수 있는 시공간에서 주인공이 성장하고, 독자가 집중할 때만 재미를 느끼는 책을 읽는다면 특별한 독후활동이 없어도 문해력이 높아질 것이다. 그렇기에 몰입독서에서는 주로 동화나 소설을 읽게 한다. 역사나 과학 등 비소설을 고집하는 아이는 읽는 태도를 관찰하고 읽은 내용을 기억하게 하면서 허용해도 좋을지 판단한다.

공부를 강조하는 부모는 소설은 어릴 때나 읽는 것이고 성적을 높이려면 소설 말고 지식 책이나 고전을 읽어야 한다고 말한다. 그런데 이때도 아이의 문해력을 먼저 살펴야 한다. 문해력이 높다면 소설을 읽으면서도 지식을 얻거나 세상과 연결해 생각하는 힘을 기를 수 있다. 하지만 문해력이 낮으면 지식 책이나 고전은 어려워서 책에 흥미를 못 느끼고, 심지어 소설까지도 잘 읽지 않게 된다. 또 어릴 때 책을 좋아했던 아이들도 독서 수준이 높아지지 않은 상태에서 비소설을 읽으면, 내용을 이해하지 못하고 자기 삶과 연관을 짓지 못해 책에 흥미를 잃게 된다.

몰입독서를 통해 '효과를 보았다'는 것은 문해력이 높아져서 학교 성적이 향상되는 경우를 말할 것이다. 아니면 공부하려고 애를 쓰는 형태로, 또는 공부할 때 몰입하는 태도로 나타난다고 말할 수도 있다. 그런데 몰입독서를 통해 문해력이 높아졌다고 해도 아이가 공부할 때 독해 능력을 발휘하고 성적을 높이려면 또 다른 조건이 필요하다. 즉 공부하려는 동기나 의지가 뒷받침되어야 한다.

그렇지만 공부 의지가 아무리 강해도, 적절한 프로그램으로 공부 동기를 부여받아도, 문해력이 어느 수준에 도달하지 못하면 공부를 제대로 할 수 없고 성적도 공부한 시간만큼 오르지 않는다. 예를 들어 200쪽 동화를 한 번 읽고 줄거리를 말로 40분 정도 발표하는 아이와 5분 정도 발표하는 아이의 차이를 보자. 단순히 비교해서, 5분 발표하는 아이는 8배의 시간을 투자해서 공부해야 40분 발표하는 아이와 같은 내용을 기억한다고 볼 수 있다. 물론 여러 번 반복하면서 기억량이 기하급수적으로 늘어날 수도 있지만, 실제로는 반복하다가 지치면서 억지로 공부하는 모양새가 되는 경우가 대부분이다.

몰입독서를 하고 바로 효과를 기대하는 것은 어렵지만 길게 보면 독서를 통한 문해력 향상과 집중력, 기억력, 독해력, 사고력 향상은 공부와 성적 향상에 큰 도움이 된다.

몰입독서를 상징하는 세 가지 단어

몰입독서를 경험한 아이들은 스스로 달라졌다고 말하고 있다. 사례를 통해 알아보자.

중원초등학교 교사는 5학년 아이들 20명과 스키마언어교육연구소 몰입독서 참가자 10여 명, 광교 스키마 모임 아이들 15명을 대상으로 인터뷰를 진행했다. 23회의 인터뷰를 진행한 다음 반복되는 단어를 정리하고, 이 단어를 포괄하는 상위 범주의 키워드를 추출하고 분석한 결과, 아이들의 몰입독서 경험에서 '자유, 집중, 성취'라는 키워드를 찾을 수 있었다.

키워드1 자유

아이들과 책읽기와 관련된 얘기를 나누면 '독후감, 독서록, 검사, 평가, 확인'이란 단어들을 많이 듣게 된다. 대부분 아이들의 의지와 상관없이 주어진 것들이다. 그래서일까? 몰입독서와 기존의 독서 활동과의 차이점을 물었을 때, 많은 아이들이 제일 먼저 자유롭다는 말을 했다.

"쉬는 시간도 있고, 책도 재밌고, 책도 마음대로 고를 수 있고, 재밌는 책을 쏙 뽑아서 읽기만 하면 돼요."

"책을 자유롭게 읽을 수 있어요. 읽고 싶은 걸 고르고, 원하는 책을 마음대로 고를 수 있잖아요. 집에 있는 책은 한 번씩 읽어본 책이잖아요. 여기는 새로운 책이 많고 수준이 올라가면서 다른 수준의 책을 읽을 수 있어요."

몰입독서에 참여한 아이들은 읽을 책을 정해 주는 것보다 자신이 책을 스스로 고를 수 있는 게 좋다고 말했다. 새롭고 재미있어 보이는 책들이 많은 공간에서 스스로 책을 골라 읽을 수 있는 자유, 거기에 하나 더 보탠다면 바로 책을 읽고 나서 아무것도 하지 않을 자유를 들 수 있다. 독서록이나 독후감은 독서를 했다는 결과를 남기고 싶은 교사의 의도거나, 내 아이가 잘 읽었는지 평가하고 확인하고 싶은 부모의 바람 때문일 것이다. 이미 잠재적인 평가와 확인에 길들여진 아이들은 몰입독서를 한 다음 아무것도 하지 않아도 된다는 말을 믿지 못하고 몇 번이나 교사에게 되물었다. 실제로 몰입독서 후 아무것도 제출 안 해도 된다고 하자 그제야 의심을 풀었다.

책을 좋아하는 모범생 아이가 독서록에 관해 읽어준 이야기는 꽤 놀라웠다.

"4학년 때 독후감이나 독서록에 생각이 안 떠오르더라도 몇 줄 이상은 꼭 써야 했어요. 그래서 가짜로 지어서 쓴 적이 있는데, 이게 책에 대한 가장 안 좋은 경험이에요. 지금도 그때를 생각하면 좀 부끄럽고 기분이 좋지 않아요. 그래서 학교에서 선생님들이 그냥 10줄 이상, 20줄 이상 이런 거랑 상관없이 우리가 쓰고 싶을 때 솔직한 글을 쓸 수 있는 자유를 주셨으면 좋겠어요."

"독후감이나 그런 것을 쓰려고 책을 읽는 것이 아니라 자유롭게 보고 싶은 책을 읽고 싶어요. 가끔 독후감을 얼른 써서 내야 하니까 더 천천히 읽고 싶어도 후다닥 읽어야 할 때 아쉬운 마음이 들었던 것 같아요."

천천히 생각하며 읽기를 좋아하는 다른 아이는 독서록이 생각하며 읽는 데 방해가 된다고 했다. 사람마다 읽는 속도, 책 읽는 방식이 각각 다른데, 왜 학교에서는 '독서록'이라는 한 가지 형식으로 읽은 책을 기록하고, 정리하도록 하느냐고 오히려 교사에게 묻는 아이들도 있다.

`키워드 2` **집중**

아이들에게 몰입독서를 하면 어떤 점이 좋냐고 물으면 집중해서 책을 읽을 수 있어서 좋다고 말한다. 책만 읽으면 지루하지 않을까 하는 예상과는 다른, 의외의 답이었다. 몰입독서가 시작되면 처음에는 책을 고르느라 돌아다니거나 친구 옆자리로 자리를 바꾸는 아이들로 약간 어수선하다. 그러다가 어느 순간 모두가 고개를 숙인 채 책을 읽고 있는 모습을 보게 된다. 마치 아무도 없는 것처럼 고요하다. 몰입독서를 하는 시간 동안 아이들마다 각자 책에 집중하는 순간이 온다. 그렇다면 아이들은 자신이 몰입하고 있다는 걸 어떻게 알 수 있을까?

"주인공이 싸우는 내용을 읽으면 저도 거기에 몰입해서 싸우는 현장에 제가 같이 있는 것 같아요. 주인공들이 싸우고 있는데 '이럴 때는 이런 말 하면 이길 수 있는데' 알려주고 싶은 생각이 들어요. 그럴 때 그 상황에 몰입하는 것 같아요."

"집중을 하면 시간이 흘러가는 것도 모르고 읽다가 시계를 보면 엄청 시간이 지나가 있고, 그런 적이 있어요."

"누가 불러도 몰라요. 학교에서 쉬는 시간에 책을 읽고 있었는데 종이 쳤거든요. 근데 못 듣고 계속 책을 읽고 있었어요."

아이들이 집중을 경험하는 순간이나 그것을 느끼는 방식은 미세하게 달랐으며, 꼭 하나의 방식만 있다고 볼 수 없다. 몰입독서에서는 책을 고르는 것도, 읽기에 집중하는 일도, 흩어진 집중력을 모으고 그 시간을 끝까지 견뎌내는 것도 오로지 그 아이의 몫이다. 그래서인지 집중이 흐트러질 때 대처하는 방법을 물었더니 아이들마다 달랐다.

"책을 읽을 때 재미없어도 좀 있으면 재밌는 게 나올 거라고 생각하면서 그냥 계속 읽어요."

"지루한 부분이 있으면 재미난 부분을 한 번 더 보거나, 휴대폰을 슬쩍 봐요. 졸릴 때는 지금 읽고 있는 장면에 억지로 나를 넣으려고 해요."

"그냥 읽는 것보다 머릿속으로 소리를 내면서 읽으면 정신이 더 잘 돌아오는 것 같아요."

몰입독서를 하면서 자기가 이렇게 오랫동안 집중해서 책을 읽을 수 있다는 사실에 놀랐다는 아이가 있었다. 스스로 책을 좋아하는지 잘 몰랐거나 혹은 책에 푹 빠질 수 있는 시간을 가질 기회가 없었던 아이들에게 몰입독서는 분명 새로운 경험이었을 것이다. 이런 집중의 결과로 아이들은 책 한 권이 주는 온전한 재미를 본인의 체험을 통해 느낄 수 있었으리라.

> **키워드 3** 성취

읽고 싶은 책을 고르고, 조용한 공간에서 함께 책을 읽는 아이들은 꽤 긴 시간 동안 책의 세계에 빠졌다가 나오기를 반복하며 책을 읽고 난 다음 느끼는 감정이 대개 '힘들다'이지만 그 뒤에 꼭 따라오는 것은 뿌듯함이다.

"일어서면 발목이 저리고 그래요. 하지만 그런 걸 별로 못 느끼는 것 같아요. 몰입독서를 한 뿌듯함이 발 저림을 이긴 것 같아요."

"집중력이 좀 더 좋아진 것 같아요. 옛날에는 게임이나 놀 때를 제외하고 공부하거나 그럴 때는 집중이 잘 안 됐거든요. 좋아하는 것도 아니고. 그런데 몰입독서를 한 후에는 학습지나 공부를 할 때 공부나 그런 것도 적응하면서 할 수 있다는 자신감이 돋아나요."

"평상시에는 책을 오랫동안 읽지 않는데, 오랫동안 몰입해서 읽으니까 제가 조금 더 커진 느낌이에요. 제가 책을 좋아하긴 하는데, 이렇게 오래 읽은 적은 없어요. 학교에서도 10분? 독서시간도 따로 없어요."

몰입독서에 꽤 꾸준히 참여한 아이들의 경우 특정한 능력이 좋아진 것 같다고 말하는 경우가 종종 있었다.

"예전에는 뭔가 책에 똑같은 단어가 많이 들어가잖아요. 그 단어가 무슨 말인지 이해가 안 되었는데 이제는 이해가 다 돼요. 어른 책은 모르겠는데 어린이 책은 다 이해가 돼요."

"내용이 긴 책을 읽을 수 있고, 대부분의 책을 다 읽을 수 있어요. 그리고 이해도 조금 더 좋아진 것 같아요."

"저는 원래 말이 앞뒤가 하나도 안 맞았는데 단어나 말하는 게 느는 것 같아요."

"전보다 기억력이 더 좋아졌어요."

한 번, 두 번 몰입독서에 참여한 시간이 쌓여가면서 아이들은 책을 통해 자라고 있었고, 스스로 그 사실을 깨닫고 있었다.

몰입해서 책을 읽고 나면

두껍고 복잡한 책으로

아이들은 책이 재미가 없다는 이유로 책을 기피하는데, 책이 영상 매체보다 재미있기는 어렵지만 내용을 이해한다면 공부하는 것보다는 훨씬 재미있을 것이다. 문해력이 낮은 아이들은 어쩌면 책을 읽어도 이해하지 못하니까 더 책을 읽지 않는지도 모른다.

연구소에서는 아이 학년 수준에 맞춰 책을 제시하는 것이 아니라 아이가 이해할 수 있는, 또는 통째로 기억할 수 있는 수준의 책을 읽게끔 한다. 앞 내용을 기억할 수 있어야 뒤 내용을 읽을 때 이해가 가능하다고 보기 때문이다.

또 책을 읽는데도 문해력이 낮은 아이는 아마도 책을 독후활동에 맞추어 읽거나 또는 가짜로 흉내만 내면서 책을 읽어서 그런 것이 아닐까 추측한다. 이런 아이들 때문에 책을 많이 읽어도 효과가 없다는 인식이 일부 퍼져 있는 듯하다. 이런 아이들은 간혹 두꺼운 책을 들고 다니는데, 내용을 이해하지 못할 뿐만 아니라 주인공 이름도 기억하지 못한다. 독후활동을 쓰게 하면 시시하다는 반응을 보이며 가끔 어려운 개념을 사용하거나, 어떤 부분에서는 놀라울 정도로 정확하게 기억한 지식을 과시한다. 그런데 그런 개념이나 지식은 책의 주요 내용과 관련이 없는 경우가 많다.

이와 달리 책을 자유롭게 읽는다거나 읽고 나서 성취감을 느낀다고 말하는 아이는 가짜로 흉내만 내면서 읽지는 않았다는 것을 보여준다. 더구나 6시간 동안 길게 책을 읽었는데도 집에 가서 또 책을 읽는다는 것은 누구에게 보여 주기 위한 행동은 아닐 것이다.

한 부모는 이렇게 전한다.

"연구소에서 읽고 싶었는데 못 읽었던 책이나 연구소에서 끝까지 보지 못했던 책을 주말에 읽고 싶다고 해서 도서관에 같이 갔어요."

몰입독서에서는 독후활동이 거의 없기 때문에 아이들은 오롯이 자기 관심에 비추어 책을 읽을 수 있다. 물론 무슨 생각을 하고 있는지, 내용을 제대로 파악하고 있는지 확인할 수 없다. 그렇지만 몰입독서에서는 책이 재미없거나 이해가 되지 않으면 읽지 말라고 권하니까, 아이가 계속 읽는 책은 내용에 재미를 느끼고 어느 정도는 이해하면서 읽는 책이라고 추론해 볼 수 있다.

몰입독서에 대해 '자유', '집중', '성취'라고 표현한 아이들은 점점 더 두꺼운 책으로 넘어갈 수 있을 것이다. 책이 두꺼울수록 사건이 복잡해지고 인물도 다양해지므로 읽을 수만 있다면 더 흥미를 느낄 수 있다. 두꺼운 책을 읽을 생각조차 하지 않던 아이들이 이렇게 변해간다. 100~200쪽짜리 책만 읽던 아이가 형들이 읽는 책에 자극을 받아 300~700쪽짜리 책을 읽겠다고 하거나, 그림책을 읽던 아이가 100쪽 정도의 글이 많은 책을 읽고 이해가 되지 않으면 몇 번이고 읽으며 이해하려는 모습을 보인다. 부모들은 그 모습이 반갑고 놀라울 것이다.

한 아이는 이해력이 조금 더 좋아진 것 같다고 말해서 어떻게 느꼈는지 되묻자 이렇게 대답했다.

"똑같은 책을 다시 읽을 때 느낌이 달랐어요.. 또 빠뜨리거나 이게 뭔 말이야 그러면서 지나갔던 걸 다시 읽으니까 아, 이게 이런 말이구나 알 수 있었어요."

다시 읽으면 당연히 기억이나 이해가 높아진다고 생각하겠지만 꼭 그렇지는 않았다. 특히 과제 때문에 다시 읽은 아이는 처음 읽을 때와 거의 차이가 없었다.

다른 아이는 이렇게 말했다.

"책을 읽으면서 미지의 세계에 들어가고, 다시 그 세계에 들어가고 싶어서 또 한 번 읽게 돼요. 그다음에는 책을 못 읽을 때를 대비해서 그것을 기억하고 싶으니까 머리를 쥐어짜면서 기억해요. 그러면서 기억력이 올라가게 된 것 같아요. 이렇게 읽다 보면 자연스럽게 기억하게 돼요. 그리고 삐삐 이름 같은 건 하도 많이 읽다 보니까 기억난 거고, 요즘에 한 번 외우자고 마음먹은 건 다 외울 때까지 안 넘어가요."

그 아이는 기억력이 좋아졌다며 일상에서의 변화까지 덧붙였다.

"어렸을 때는 장난감을 다 잃어버렸어요. 소파 안에 들어간 것도 다 까먹고. 지금은 소파 안에 들어간 물건이 어디 어디 있는지 기억이 나요."

또 다른 아이는 기억보다는 상상으로 자신의 변화를 얘기했다.

"상상하는 게 더 잘 돼요. 글이 기억이 안 나면 그냥 상상해서 생각해요. 음…… 책 내용이 기억이 안 날 때도 그림을 떠올려요."

몰입독서에서는 책 읽는 것에만 몰입할 수 있으니까 책을 읽을 때 장면이 잘 그려진다고 말하는 아이들이 많다.

"늘 『오즈의 마법사』가 재미있었어요. 글린다가 마법을 부리는 장면이 생생하게 떠올라요. 마치 영화 보는 것처럼요. 한 문장을 읽는데 그림이 떠올라요."

아이는 장면이 잘 그려지는 이유를 평소에 읽는 것과의 차이로 설명한다.

"평소에는 영어 숙제, 학교 숙제를 해야 하니까 책 조금 읽다가 그걸 하고, 저녁도 먹어야 하고, 잠깐 나갔다 오면 또 끊기는데, 여기서는 일단 시간이 충분하니까 책을 통째로 읽을 수 있어요."

연구자의 질문에는 이렇게 답했다.

"잠깐잠깐 읽는 거랑 통째로 읽는 거랑 뭐가 다르니?"

"완전히 다르죠. 재미의 정도가 달라요. 생생하게 더 기억도 잘

나고요."

몰입해서 읽으면 당연히 문해력이 높아진다고 받아들인 학부모들도 몰입한다는 것 때문에 몰입독서에 참가하게 되었다고 말한다.

"무언가에 몰입해 보는 경험을 했다는 것 자체가 의미가 있고, 그 몰입의 대상이 독서였기에 엄마의 입장에서는 더할 나위 없이 좋은 기회였다고 생각해요."

"처음 몰입독서를 신청할 때 조카가 '책에 푹 빠져보는 느낌'을 한 번 경험하기를 바랐는데, 제 바람대로 '읽기의 즐거움'과 '집중해서 읽었을 때의 맛'을 알게 된 듯해요."

문해력보다 중요한 건 지적 자립

몰입독서는 독후활동에 신경 쓰지 않고 책을 몰입해서 읽을 수 있는 환경을 만들기 위해서 시도한 것이다. 책을 몰입해서 읽기 때문에 책을 안 읽는 경우보다, 책을 흉내 내면서 읽는 경우보다, 독후활동에 맞춰 대충 읽는 경우보다 당연히 문해력이 높아진다.

그런데 의도하지 않았지만 이보다 더 중요한 효과가 생겼다. 이는 몰입독서에서 평가가 없다는 특징 때문에 발생한 것이다. 요즘 아이들의 생활에서, 특히 놀이가 아닌 배움의 영역에서 비교하지 않고 평가하지 않는 시간은 아무리 짧더라도 의미가 크다. 책을 읽으면서 감시나 평가를 의식하지 않으니 생각이 자연스럽게 떠오르게 되고, 자유롭게 전개할 수 있을 것이다. 심리적으로 편안함, 아니면 어떤 해방감을 느끼는지 지적인 자립심, 자율성도 생겼다.

공교육 교사이면서 공교육을 비판하는 테일러 개토는 『바보 만들기』(테일러 개토, 민들레)에서 '왜 우리는 교육을 받을수록 멍청해지는가?' 하고 묻는다. 그 원인으로 '교사들의 일곱 가지 죄'를 열거한다. 상당히 부담스러운 내용이지만 수긍하지 않을 수 없다. 그중에는 '정서적 의존성'과 '지적 의존성'이 있다. 그의 말을 인용해 보자.

"네 번째로 제가 가르치는 것은 정서적 의존성입니다. 동그라미와 곱표, 미소와 찌푸림, 상과 벌, 표창 따위로 저는 아이들에게 각자의 의지를 버리고 미리 목표가 정해진 지휘 체계에 따르도록 가르칩니다. 모든 권리는 권위를 가진 사람에 의해 주어지기도 하고 박탈됩니다. …… 다섯 번째로 제가 가르치는 것은 지적 의존성입니다. …… 잘하는 학생들이란 이렇게 생각하라고 제가 시키는 방향을 별 저항 없이 잘 따르는 학생들입니다."

그렇다면 학부모들은 어떨까? 학부모들도 '지적인 자립'을 원할까? 평가가 없다는 것에 불안감을 느끼지는 않을까? 의외로 몰입독서에서 평가나 결과물이 없다는 점에 대해 다수가 불안하지 않다고 대답한다. 왜 불안하지 않냐고 물었더니 "독후활동이 있으면 책 읽기를 꺼려한다.", "평가를 한다면 꾸준히 참석하기 힘들다.", "책 읽는 모습 자체가 예쁘다." 등으로 대답했다. 불안하다고 답한 소수의 부모들은 "제대로 읽고 있는지 확인을 할 수 있는 도구가 없는 이상 불안감은 있을 수밖에 없다."고 답한다. 그래서 "다른 아이의 독서 수준을 수소문(?)하거나 다른 학원을 기웃거린다."고 불편함을 털어놓기도 한다.

아이가 책을 읽는 태도를 관찰하는 것만으로 아이가 나아지고 있는지 충분히 알 수 있다는 부모들은 이렇게 말한다.

"가족들과 같이 외출하려고 준비 후 시간이 남을 때 거리낌 없이 책을 들고 읽어요."

"같이 책을 읽는 친구들이나 언니들이 추천해 준 책은 묻지도 따지지도 않고 바로 읽어보려 해요. 책읽기에 대한 거부감이나 부담감이 없어요."

"주변에 보면 학년이 올라갈수록 책을 읽는 아이를 보기 힘든데 그래도 아직까지는 책에 대한 관심을 가지고 있어서 만족스러워요."

아이가 초등학교부터 중학교 때까지 몰입독서에 200시간 참여했던 한 부모는 이렇게 말한다.

"집중과 몰입이 훈련이 되어 있어 예비 고등학생인 지금은 긴 시간 공부하는 걸 두려워하지 않고, 즐기고 있어요. 당장 보이는 확인보다는 공부량이 많아지는 시기에 확연히 문해력이 높아졌다는 걸 느끼게 되었어요. 남자아이인데도 불구하고 이해력도 좋고, 글쓰기에 대한 부담도 없어 모든 면에서 만족하고 있습니다."

이런 답변을 보면 학부모들은 '지적인 자립'을 원하는 것이 아니라, 평가를 하고 독후활동을 요구하면 아이가 책을 싫어하거나 책 읽기를 거부하기 때문에 평가가 없는 몰입독서에 만족한다고 추론할 수 있다. 학부모 강연 때는 이런 사례를 들며 '평가를 하고 독후활동을 강조하면 책을 거기에 맞춰 읽을 가능성이 많고 차츰 책을 거부하게 된다'고 말했다. 더 나아가 아이들이 공부는 물론, 운동에서도 극심한 경쟁 환경 속에서 처해 있는데, 작은 시간이라도, 특히 독서라는 공부 영역에서 평가받지 않는다면 큰 의미가 있을 것이라고 말했다.

그런데 평가와 관련된 교육이론서, 특히 『핀란드의 끝없는 도전』(파시 살베리 지음, 푸른숲)을 공부하면서 생각이 바뀌었다. 공부는 원래 그렇게 해야 하는 것 아닌가 하고. 테일러 개토의 이야기를 강조하면 학부모들도 바람직하다고 동의하지만 '너무 이상적이다', '개인적으로만 가능하다'고 제한적으로 받아들인다.

위 책을 보면 핀란드 교육에는 세 가지가 없다. 즉 풍족한 예산, 빈번한 시험, 빡빡한 수업. 그리고 핀란드의 역설이라면서 '적게 가르쳐야 많이 배운다', '시험이 적을수록 더 많이 배운다'고 말한다. 이들은 교사를 무한히 신뢰하기 때문에 교사나 학생 평가, 특히 외부 평가를 하지 않는다. 핀란드는 국가 전체가 평가하지 않고 교육하고 있는 것이다. 이는 전 세계 대부분의 나라에서 채택하고 있는 교육 방향과 다르다. 즉 '국가가 주관하는 시험, 학교 평가 체계'를 통해 교육을 표준화하고 시험에 잘 대비할 수 있도록 주요 과목이나 미리 정해둔 학습 목표를 중심으로 가르치는 것을 말한다.

이런 방향은 요즘 우리나라의 미래 교육이라고 전문가 다수가 권하는 IB(국제 바칼로레아) 교육에서도 다르지 않다. 우리나라 교육은 교과서를 사용하고, 시험 문항을 똑같이 출제하고, 정답이 정해져 있는 상대평가에 중점을 두고 있다. IB교육은 이를 극복하기 위한 좋은 대안으로 제시되고 있다. 그렇지만 IB교육도 평가를 무척 중요시한다. 정답이 없거나 채점을 엄격히 하지 않지만, 시험은 역시 시험이고 평가는 평가이다. 수업 시간에 시험 대비 수업을 할 정도로 시험이 포괄적이라고 강조하고 있다.

지금 당장 우리나라에서는 '지적인 자립'을 교육 목표로 받아들이기 힘들 것이다. 평가를 하지 않거나 결과물이 없다면 교사나 사서가 열심히 가르쳤다는 것을 어떻게 입증할 것인지, 더구나 아이들 실력이 향상되었다는 증거가 어디에 있는지 물어보면서 은연중에 '지적이 자립'은 바람직하지 않다고 생각하는 듯하다.

그래도 나는 핀란드 교육 방향을 지시하는 쪽이다. 내가 하는 다른 독서수업에서는 '애썼다'는 뜻으로 동그라미를, '더 애써 봐라'는 뜻으로 체크 표시를 표시한다. 아이들에게도 그대로 설명한다. 그래도 아이들은 동그라미는 '잘했다'로, 체크 표시는 '틀렸다'로 해석한다. 이와 달리 몰입독서에서는 이런 표시를 할 필요가 없다. 교사도 고민스럽지 않고, 물론 아이도 편안해할 것이다. 몰입독서의 좋은 점으로 '의외로 평온해진다. 마음이 편안하다'는 '정서적 반응'을 보고하는데, 이는 더 연구할 만한 과제이다.

또한 몰입독서에서는 주제가 무엇이라거나 무엇에 초점을 두고 읽으라거나 요구하지 않는다. 가끔 큰 방향에서 아이는 자신의 목표를 제시한 적도 있다. 이것은 집중해서 책을 읽는 아이에게만 적용한다. 집중했는지 안 했는지 아이와 논란이 생길 수는 있지만, 자기가 재미있게 읽었다면 아이는 어떤 식으로든 독해했다고 간주할 것이다. 더구나 제대로 독해했는지 교사가 평가하지 않기에 아이는 자신의 독해를 틀렸다거나 잘못했다는 불안감을 느낄 필요가 없다. 평가 없는 독서를 통해 아이들이 '지적 의존'이 아닌 '지적 자립'을 향해 성장하지 않을까 희망하고 있다.

평가 없이 허용하는 책읽기

우리는 흔히 몰입한다고 하면 자기 스스로 주도적으로 집중해서 뭔가를 한다고 생각한다. 하지만 의외로 교사나 다른 권위자가 제시한 기준에 따라 복종하면서도 몰입할 수 있다. 그런데 미국의 심리학자 칙센트미하이가 제시한 것처럼 목표가 분명하고 끊임없이 피드백을 주고받는 형태로 몰입하는 것은 마음속에 교사의 기준이나 평가가 들어 있다고 볼 수 있다. 자기주도 학습은 이런 성격에 가깝다. 모범생들의 집중, 자기주도 학습은 그럴 것이다. 하지만 이때의 몰입은 진정한 자기 주도성은 부족한 상태라 사고력이 성장하지 않을 것이다.

그렇다면 알피 콘이 『아이를 망친다는 말에 겁먹지 마세요』에서 주장하는 것처럼 저항하는 형태로, 교사가 원하는 모습과 다소 다른 자기 방식으로 몰입하는 것이 바람직하다. 그는 부모의 권위에 어느 정도 저항하는 것이 종종 심리적 자율성을 나타내는 건강 신호와 연관된다고 말한다.

그럼 어떻게 아이들이 저항하면서 책을 읽게 지도할 수 있을까? 우린 교사가 제시한 기준이 모범이거나 잘한 거라고 말하지 않는다. 대신 평균 기준이므로 모범생처럼 그대로 따라하는 것은 평균 수준일 뿐이라고 한다. 자기 성격이나 성향대로 변형시키는 것이 잘하는 것이라고 말한다.

일단 책을 집중해서 읽는 것 말고 거의 대부분을 허용한다. 책을 선택하는 것, 제시한 책을 거절하는 것, 자기 수준보다 훨씬 쉬운 책을 읽는 것, 책 읽는 자리나 자세를 바꾸는 것 등. 또 읽는 속도나 읽기 방법을 대부분 허용하고, 그리고 독후활동도 안 해도 된다고 말한다. 쉬는 시간도 5~10분 범위에서 바꿀 수 있다 책과 관련해서는 거의 통제가 없다. 연구소의 경우는 원천적으로 만화나 잡지, 유행소설은 없으니까.

높은 수준의 문해력은 창의적·비판적 독해를 말하지만, 지적 자립은 그 이상의 가치가 있다. 즉 가짜 정보를 구분하고, 전문가에 휘둘리지 않을 수 있다. 테일러 개토는 이미 30년 전에 이를 간파했다. 지적으로 자립하지 못해서 사회사업이나 상담자, 정신과 의사, 텔레비전과 패스트푸드에 의존하게 되었고, 사회학자 앨리 러셀 혹

실드에 따르면 '러브 코치'부터 '파티 플래너', '가족 추억 만들기', '친구'까지 전문가에 의존하게 되었다는 것이다. 전문가에게 의존하는 것이 당연하고 편리하다고 생각한다면 할 말이 없다. 나는 그렇지 않으려고 노력하는 사람들과 어떻게 하면 자율성을 확보할 수 있는지 고민하는 것이고, 이를 위해 몰입독서를 실천하는 것이다.

마크 트웨인이 쓴 『허클베리 핀의 모험』 속표지에는 이런 글이 적혀 있다.

"이 이야기에서 동기를 발견하려고 하는 자는 기소될지어다. 교훈을 발견하려고 하는 자는 추방될 것이다. 이야기 줄거리를 발견하려고 하는 자는 총살될 것이다."

몰입독서는 김상욱 교수가 강조한 대로 "어쩌면 독서는 어떤 현실적인 유용성도 갖지 않음으로써" 의미가 있다고 할 때의 바로 그 독서가 아닐까? 현실적인 유용성이 없다고 해서 아무런 도움이 되지 않는다고 생각하는 부모는 없을 것이다. 아마도 이런 **독서를 통한 자유로운 사고 전개의 경험은 폭넓은 가능성의 시작일 것이다.**

아이들이 몰입독서에서 성취감을 느꼈다고 할 때 성취감은 어느 기준에 도달하면 자연스럽게 느낄 수 있다. 또한 아이들이 느끼는 자유로움은 남에게 규제받지 않고 스스로를 규제한다는 뜻이다. 그럼 이 아이들은 몰입독서를 통해 자율성을 익히고 있는 셈이다.

"책을 좋아하는 스스로를 보는 게 뿌듯하니? 책이 나를 성장시키는 것 같니?"

"제 키가 아니라 제 생각의 나이를 성장시키는 것 같아요."

"평상시에는 책을 오랫동안 읽지 않는데, 오랫동안 몰입해서 읽으니까 제가 조금 더 커진 느낌이에요. 제가 책을 좋아하긴 하는데, 이렇게 오래 읽은 적은 없어요."

아이들의 답변을 보면 아이들은 지적·정서적 자립을 향해 조금씩 나아가고 있음을 알 수 있다.

3장

몰입독서 실천법

몰입독서
진행하기

아이의 책 읽는 모습 관찰하기

　　　　　　　　몰입독서는 이제껏 한 번도 경험하지 못한 형태이기 때문에 어떻게 시작해야 할지 짐작하기 힘들 것이다. 일반적인 독서 교육은 독후활동을 바탕으로 책을 제대로 읽는지 평가하고 있다. 그리고 학교에서 수업을 듣고 일대일, 혹은 혼자 공부를 하는 게 제대로 하는 것이라고 인식하고 있다. 아이들끼리 모여 있으면 오히려 공부에 방해가 될 거라는 생각이 지배적이다.

　그런데 몰입독서는 결과물이 거의 없어 평가하기가 어렵다. 적어도 겉으로는 평가하지 않는다. 더구나 학년이 섞여 있어야 효과가 크다고 말한다. 그래서 실제 몰입독서를 참관한 부모들은 여러 학년들이 섞여 있는데도 신경 쓰지 않고 집중해서 책을 읽는 모습을 보고 좀 놀란다. 가르치는 교사의 역량 때문일 거라고, 자신은 그렇게 하기 힘들 거라고 지레짐작하는 부모들에게 '아무리 자료를 많이 읽고 참관을 하더라도 감을 잡기는 어렵다. **직접 진행하고 조건에 맞게 변형하고 수정하면서 나름대로의 방법을 몸으로 익히는 것이 최선**이다.'라고 조언한다.

그래서 일단 시간과 장소부터 정하고 몇 명 정도를 참여시킬지 참여 범위를 협의한다. 아이의 시간표도 감안해야 하지만 그보다는 간식이나 교재, 참관 등 부모들이 참여하는 부분이 많기 때문에 부모 일정을 먼저 고려하게 된다. 그다음으로 중요한 것이 공간이다. 시간 제약이 있을 수도 있고, 거리도 고려해야 하기 때문에 처음에는 시간과 공간의 적절한 배합에 신경을 많이 쓰게 된다. 참여자는 적으면 썰렁하고, 많으면 감당하기 어렵다. 보통 10~20명 정도가 좋지만 더 작은 규모로도 가능하다.

교재 확보를 위해서는 책이 많이 있는 곳이 좋고, 추천도서목록을 정해 확보하거나 대여하는 방법이 있다. 각자 자신의 집에 있는 책을 가져오거나 중고 책을 구입할 수도 있다.

그런 다음 몰입독서가 진행되면 전체 총괄을 맡은 부모는 독서 시간 체크와 간식 담당 등 정해진 역할을 할 수 있도록 조정하고, 관찰을 맡은 부모는 아이들의 책 읽는 모습을 관찰하고 기록하면 된다. 아이들이 집중해서 책을 읽을 수 있도록 하고, 또 제대로 읽게끔 도움을 주는 방향으로 뭔가를 해야 하지 않을까 고민하기 시작하면 이때부터 몰입독서의 진면목에 발을 들여놓은 것이다. 시작과 끝 시간을 어떻게 조정하면 좋은지, 간식 먹는 모습을 보면서 책 읽을 때의 모습과 어떤 차이가 있는지 주의를 기울이려면 마음 편하게 있을 수 없다. 특히 아이를 파악하려면 어떻게 관찰해야 하는지 고민하면서 새로운 문제의식이 떠오른다.

'나는 왜 아이들에게 책을 읽으라고 하는가?'
'나는 아이들이 책을 읽어서 무엇을 이루어내길 바라는가?'
'나는 재미있어서 책을 읽었는데 내가 아이들에게 읽어 주었던 책은 교훈이나 기대, 과한 욕심이 빽빽하게 꽂혀 있지는 않나?'
'나는 정말 우리 아이가 책을 사랑하기를 바라는가?'
'나는 지금 아이를 있는 그대로 보고 있는가? 아님 미래의 아이, 내가 기대하는 아이만 바라보고 있는 것은 아닌가?'

언제 하루 4~6시간, 주 4일 이상

몰입독서는 학기 중 혹은 방학 중에 진행할 수 있다. 방학 중 몰입독서는 기본 일주일 이상, 하루 4~6시간 진행한다. 주말은 쉬고 주 4~5일 동안 하는데 꼭 월요일부터 금요일일 필요는 없지만 몰아서 집중적으로 하는 것이 좋다. 이때 최대한 길게 일정을 정한다. 시간을 줄여서 해도 되는지 문의하는 사람들에게는 보통 하루 4시간 이상 진행하기를 권한다. 그래야 쉬는 시간을 두고 집중력의 변화를 관찰할 수 있다.

학기 중 몰입독서는 일주일에 하루 요일을 정해 2~4시간 하거나 토요일 격주로 진행해 한 학기에 대략 7~8회 진행하는 것을 기본으로 한다. 토요일에는 보통 4~6시간 진행할 수 있다.

일정은 6시간 기준으로 설명하면, 1~2교시에는 기본 교재를 읽고 일찍 점심을 먹는다. 3~4교시에는 기본 교재 관련 작품을 읽는다. 듣기는 꼭 포함시키는데 대체로 점심 후에 한다. 5~6교시에는 각자 책을 선택해서 읽는다. 보통 5교시에 간단한 독후활동을 한다. 끝나고 나서 간식을 충분히 먹는다. 6시간보다 짧게 진행할 경우, 듣기와 독후활동을 중간에 넣어 앞뒤로 읽기가 진행되도록 한다.

연구소에서 진행하는 몰입독서 과정은 방학 때는 하루 6시간 2~4주, 학기 중에는 하루 5시간 격주 토요일로 진행하고 있다. 시간이나 일정을 길게 잡는 것은 단지 긴 시간 동안 읽는 것이 좋다는 생각 때문만은 아니다. 긴 시간 동안 집중하려면 어떻게 해야 하는지 아이들에게 알려주고 몸에 익히게 하기 위해서이다. 강한 집중력은 소설을 읽는다고 해도 30~60분 정도라고 생각*해서 그때마다 쉬는 시간을 둔다. 그리고 쉴 때는 밖에 나가서 몸을 움직이게 한다. 그러면 부모들이 놀랄 정도로 아이들은 6시간도 지치지 않고 책을 읽을 수 있다.

집에서는 쉬는 시간이 없이 공부를 하기 때문에 아이들은 시간

- 『전략적 공부기술』(베레나 슈타이너 지음, 들녘미디어) 80쪽 참조. 슈타이너는 대학생 대상으로 집중력을 높이는 방법을 얘기한다. "사람이 완전히 집중할 수 있는 시간은 대개 20분에서 35분 정도이다. 시간이 그만큼 지났을 때, 물을 마시면서 잠깐 쉬거나, 마인드맵을 그리면 학습 시간을 40분이나 60분까지 늘릴 수 있다."

이 지날수록 지친 상태로 공부를 한다. 2시간도 집중할 수 있다고, 책을 단숨에 읽겠다고 하면서 쉬는 시간에 나가지 않는 아이들이 있는데 이 아이들도 후반부에 갈수록 지치는 모습을 보인다. 그래서 중간에 휴식이 필요하다고 강조하는 것이다. 고학년 아이들에게는 다음 시간에 빠르게 집중할 수 있도록 쉬는 것이 잘 쉬는 것이라고 말해준다.

책 읽는 시간이 끝나고 평가 때 각자 언제 집중이 잘 되고, 안 되는지 표시해 보라고 했다. 모두 제각각이었다. 이렇게 평가를 하는 이유는 자신에게 집중이 잘 되는 시간이 따로 있고, 집중력에 굴곡이 있다는 것을 자각하게 하기 위해서이다. 일반적으로 집중력은 4시간이 지나서 반등하는 모양을 취하는데 계속 처져서 회복되지 않는 아이들이 있다. 그럼 아이들이 평소 어떤 생활을 했는지 물어보고 인과관계를 알려준다. 이 모든 경험을 통해 적어도 4시간 정도, 중간에 두어 번 정도 쉬는 시간이 있는 형태로 진행하는 것이 좋다. 기간에 대해서는 4~5일 하는 것과 2~3일 하는 것은 다르다. 4~5일 할 때는 중간에 집중력 굴곡이 생긴다. 월요일에 시작하고 금요일에 끝난다고 하면 수요일이나 목요일에 처지고 다시 반등하는 모습이 보인다. 그렇게 지친 다음에 다시 집중력이 살아나기 때문에 교재 선택이나 진행 방법에서 이를 염두에 두고 변형한다.

2주일 과정을 처음 시작할 때 아이가 금요일쯤 힘들다고 해서 월요일에는 결석하지 않을까 걱정했는데 그런 아이는 한 명도 없었다. **이렇게 긴 시간 집중해서 책을 읽게 하면 그야말로 책에 푹 빠져서**

읽는 것이고, 그런 경험이 아이에게는 무척 중요하다. 보통 때 집에서 자투리 시간에 책을 읽고는 재미있었다는 아이에게 뭐가 재미있냐고 물으면 대꾸도 하지 않았는데, 몰입독서 후에는 책 내용을 쉬지 않고 읊어서 놀랐다고 말한 부모도 있었다. 또 다른 부모는 다 읽지 못한 책을 마저 읽겠다고 해서 주말에 도서관에 갔다는 이야기를 전했다. 어른들 같으면 책만 읽어서 지겹거나 지치거나 할 것 같은데 아이들은 그렇지 않은가 보다. 진정 책의 세계에 들어가서 즐겁고 편안하게 마음껏 상상하고 추론하고 지적인 자유로움을 느끼고 있는지도 모른다.

어디서 방이 2~3개로 구분된 별도 공간

몰입독서는 도서관, 별도 공간, 개인 집 어디에서도 진행할 수 있다. 단, 각각의 장단점이 뚜렷해서 이에 잘 대응해야 한다. 도서관은 책읽기에 적합한 분위기가 이미 조성되어 있고, 쾌적한 환경이어서 좋다. 다만 다른 이용자들이 수시로 드나드는 공용 장소이므로 가장자리 한쪽에 자리를 잡거나 일반 이용자들과 자연스럽게 섞여서 진행한다. 아이들은 다른 이용자들의 시선이 신경 쓰여 책읽기에 방해를 받기도 하지만, 책 읽는 재미에 빠지면 어느 순간 몰입하여 책을 읽고 있다.

별도 공간으로는 아파트 문화센터나 커뮤니케이션 센터, 카페 등을 이용할 수 있다. 여기서는 몰입독서 프로그램에만 집중하여 진행할 수 있다는 장점이 있다. 그렇지만 도서관이나 연구소처럼 책을 충분히 확보하기가 어렵다. 장소에 따라서는 책상과 의자 등 비품까지 준비해야 하는 경우도 있다. 그리고 장기간 안정적으로 장소를 빌리는 것이 쉽지 않아 몰입독서를 계속 진행하기도 어렵다.

개인 집에서 하는 경우에는 대체로 거실과 작은 방을 이용한다. 거실에서는 다수의 학생이 함께 책을 읽고 작은 방에서는 소수의 중학생이 함께 모여 읽거나 특별히 관찰해야 하는 저학년을 위해 사용할 수 있다.

놀이나 점심 식사, 간식 섭취는 별도 공간이나 개인 집에서는 별다른 제약을 받지 않지만, 도서관 같은 공공장소에서는 제약이 있다. 특히 쉬는 시간을 알려주면 저학년들이 급하게 뛰어나가기 때문에 도서관 측이나 다른 이용자들의 시선을 신경 쓸 수밖에 없다. 점심이나 간식 역시 공간이 없으면 야외에서 먹어야 하는데, 마땅한 놀이터가 없거나 비가 오거나 추운 날씨에는 또 공간이 필요하기 때문에 힘들어진다. 그러므로 그런 점을 잘 고려해서 장소를 선택해야 한다.

어느 공간이든 몰입독서를 진행할 장소는 실내가 2~3개로 분리된 공간이 적절하다. 듣기나 읽어 주기를 그룹으로 나누거나 필요에 따라 개인별로 진행해야 하기 때문이다. 간식이나 점심을 책 읽는 자리에서 먹을 수도 있지만 다른 공간이면 더 좋다. 교사나 힘들어 하는 아이가 쉴 공간도 필요하다. 더 나아가 아이들이 독후활동으로 연극 준비와 발표를 할 수 있는 큰 공간이 확보된다면 가장 좋다. 하루 1시간씩 연극 준비를 하고 금요일에 발표를 한다면 아이

연구소에서 몰입독서를 하고 있는 모습. 공간이 3개로 분리되어 있어 아이들은 각자 원하는 곳에서 책을 읽을 수 있다.

들은 즐겁게 책을 읽을 수 있을 것이다.

 연구소는 실내 공간이 3개로 나뉘어 있어 책을 읽기에는 적절한 편이다. 아이들은 3개 방 중에서 자기가 편한 곳에 자리를 잡는다. 덥고 추운 곳을 피하거나 친구와 같이 앉거나 구석진 자리에 앉거나 등. 처음에는 아이들이 하고 싶은 대로 허용하지만 집중하는 모습에 따라 자리를 조정하라고 요구한다.

 일부 아이들은 자리를 고를 때도 편하게 선택하지 못한다. 학교에서 마음대로 앉으라고 하면 아마도 교사의 눈길을 피하거나 친구와 잡담할 수 있는 자리를 정할 것이다. 그런데 연구소는 교사의 시선을 신경 쓸 필요가 없기 때문에 아이들이 고르는 자리에는 나름의 이유가 있을 것이라고 추측하고 아이들을 관찰했다. 그러자 아이들은 첫날 우연히 앉은 자리에 다음 날도 계속 앉는 경향이 있었다. 특별히 춥거나 덥거나 시끄럽지 않다면 말이다. 그래도 아이에 따라 선호하는 자리가 있다. 이를테면 구석진 자리이거나 통로 등 사람이 자주 지나다니는 자리 등. 아이의 선택을 인정하면서도 아이가 책에 집중하지 않는다면 다른 방으로 보내거나 스스로 다른 자리를 선택하게 한다. 집중 상태를 비교해 보고 싶어서이다. 또한 책을 읽다가 친구끼리 떠들면 자리를 바꾸라고 한다.

이처럼 몰입독서를 진행할 때는 자리 배치에 신경을 많이 쓴다. 고학년과 저학년, 집중 잘하는 아이와 잘 못하는 아이를 어떻게 묶을 것인가 고민이다. 조교가 있다면 조교를 어디에 앉게 할지도 따져 본다. 고학년이 많다면 어느 자리에서 집중이 잘 되는지, 왜 그렇다고 생각하는지 아이들의 생각을 직접 물어보는 것도 좋다.

이런 시도들은 연구소처럼 단독 공간일 때 적용하기 편하다. 아이들은 뛰거나 떠들 수 있어 다른 장소, 특히 도서관보다 단독 공간이 편하다고 얘기한다. 점심이나 간식을 먹기도 편하고, 자세를 다르게, 즉 책상 위에 앉아, 또는 엎드려서 읽어도 좋다고 하면 훨씬 자유로움을 느낀다. 하지만 그런 자세로는 생각보다 길게 읽지 못해 다시 원래 자세로 돌아간다.

도서관처럼 낯선 사람들과 한 공간에서 책을 읽는 경우에도 장점은 있다. 아이들도 상황을 이해하기 때문에 훨씬 덜 떠들고 부모에게 덜 저항하는 경향이 있다. 부모 역시 덜 간섭하게 되는데 그래도 부모와 자녀를 다른 책상에서 책을 읽도록 분리시키는 것이 좋다. 같은 책상에 앉으면 아이보다 부모가 더 주변 사람 눈치를 보면서 아이에게 눈짓으로 잔소리를 하니까 말이다.

누구와 다양한 학년의 선후배와 함께 읽기

몰입독서에서는 한두 가지 주제를 정해 가르치는 것이 아니기 때문에 다양한 학년과 수준의 아이들이 함께 책을 읽는 것이 가능하고, 오히려 더 바람직하다. 아이들은 저마다 다른 수준과 관심의 책을 선택해서 읽는 것이 좋다. 초등학생부터 대학생까지 참여하고, 학년 제한은 하지 않는다. 혼자 책을 읽을 수 있는 수준의 초등학교 2학년부터가 좋고, 책을 잘 읽는 초등학교 1학년도 가능하다.

여러 번 참여한 아이들이 주축이면 책 읽는 수준이나 집중력 등을 짐작할 수 있어 전체 분위기를 좋게 만드는 데 유리하다. 한 책상에 5~6명 앉을 수 있다면 집중력이 높은 고학년 1~2명과 저학년이 함께 앉게 한다.

만약 고학년인데 수준이 높지 않다거나 집중력이 높지 않으면 대응이 복잡해진다. 이런 아이들은 책 읽을 때 저학년 눈치를 보면서 수준이 높은 책을 선택하지만 빠르게 읽어내지 못하는 경향이 있다. 아이가 소극적이라면 (이것은 놀이터에서 움직이는 것을 보고 판단한다.) 저학년과 분리시켜서, 가능하면 중·고등학생 옆에서 마음 편하게 읽도록 한다. 친구들과 경쟁하지 않는 모습을 보인다면 친구들과 같이 읽으면서 약간 잡담하는 것도 허용하지만, 경쟁하는 듯하면 낯선 또래 친구들과 앉게 하는 것이 좋다.

적극적인 아이라면 오히려 저학년 중 집중력이 높은 아이들이 모인 곳에 앉혀 저학년을 지도하는 역할을 맡긴다. 그러기 위해서는 가끔 저학년이 읽는 책을 읽어야 한다고 말해서 쉬운 책도 읽도록 유도한다. 이 경우는 적어도 2개 학년 차이가 나야 한다. 이를테면 2학년을 지도하려면 4학년이나 5학년은 되어야 한다.

산만한 저학년은 그림책을 읽다가 자꾸 책장에 가서 책을 고른다며 시간을 보내고, 친구 만나면 떠들고 발을 까딱거리면서 소리를 내기도 해서 주변 아이들에게도 영향을 준다. 이럴 때는 중·고등학생 옆에 앉히고, 그 학생에게 한 권 정도는 작게 소리 내서 읽어 주라고 부탁한다. 이렇게 조금만 신경을 써주면 저학년들도 다시 집중하는 모습으로 돌아온다. 더 산만한 아이는 다른 아이들과 분리해서 교사가 읽어 주거나 신경을 써야 한다. 다른 아이들과 차별하는 게 아니면서, 특별한 관심을 어떻게 표현할지 고민해야 한다.

그런데 동아리 형식으로 처음 시작하거나 학교나 도서관에서 공개 모집해서 몰입독서에 처음 참여하는 아이들의 경우 학년과 성별 외에는 집중력도, 책 수준도 알지 못해 이를 파악하는 데 시간이 많이 걸린다. 일단 익숙해지기 위해 아는 아이들끼리 앉는 것을 허용하고 같은 학년들이 같이 앉도록 한다. 그러면서 점심 후나 내일은 자리를 바꿀 것이라고 미리 알린다. 자리를 매일 바꾼다고 하면 아이들은 친한 친구와 또는 수준이 비슷한 아이와 앉겠다고 요구하기도 한다. 그럴 때는 아이가 요구한 대로 앉도록 허용하지만 집중을 못하거나 전체 분위기가 산만해지면 자리를 바꿀 수도 있다고 말해 둔다.

아이들이 모이다 보면 자주 특정 학년이 절반이 넘어 목소리가 높아지는 상황이 발생한다. 이들은 특히 놀이터에서 집단적으로 움직이는데 이때에는 꼭 어른이 함께해야 한다. 간혹 다른 학년의 한두 명을 놀리면서 노는 경우가 있기 때문이다. 만약 놀림을 받은 아이가 선배라면 돌아와서도 총괄한테 얘기하지 않고 책 읽을 때 집중하지 못하거나 참가하기 싫다는 식으로 에둘러 표현한다. 놀이터에서 문제가 생기지 않아도 그런 선배는 더 고학년들과 한 책상에서 읽게 하거나 고학년이 없으면 더 저학년 책상에서 지도하는 역할을 맡기는 것이 좋다. 다른 모양으로 무리를 지어주는 것이다. 이렇게 해서 갈등이 생기지 않으면 주도적인 학년은 자연스레 분산되는데, 그렇지 않으면 주도적인 학년이 더 공고해지기 때문에 여전히 갈등의 불씨가 남게 된다.

선후배가 같이 앉으면 저학년들은 은연중에 선배를 모방하려는 경향이 있다. 선배들이 참고 읽는 것을 보고 모방하며 참아내면서 책을 읽는다. 마찬가지로 고학년도 저학년 앞이라 훨씬 집중해서 읽는다. 가끔 고등학생이나 대학생이 와서 옆에서 책을 읽으면 초등생들은 놀라움을 표시한다. 아이들 생각에는 그들은 책을 읽지 않고 공부만 한다고 생각해서일까? 특히 대학생이 있으면 진행자의 부담이 50% 줄어든다고 말하는 교사들도 있다. 산만하거나 활발한 아이들은 놀이터에서도 책을 읽을 때도 대학생 옆에 있고 싶어 한다. 그래서 산만한 아이는 어른들보다 대학생이 한 번 지적할 때 훨씬

연구소에서 담당 교사와 대학생 조교가 몰입독서를 하는 아이들과 함께 책을 읽고 있다.

차분해지기도 한다. 그래서 가능하면 조교를 두고 약간의 역할을 맡긴다. 힘들어 하는 아이에게는 책 읽어 주기, 대충 읽는 아이의 줄거리 발표 듣기, 옆에서 관심 보여 주기, 놀이터에서 같이 이야기하기, 간식이나 뒷정리 같이 하기 등이다. 도서관이나 학교 등 공적인 기관에서는 조교 역할을 맡은 학생에게 봉사활동인증서를 줄 수 있다. 개인적으로 하는 경우에는 문화상품권이나 일정 비용을 지불하는 방법으로 섭외할 수도 있다. 물론 대학생도 책을 읽어야 하니까 몰입독서 시간 중에 무슨 책을 읽을 것인지 얘기를 하면서 구체적으로 계획을 세우게끔 도움을 준다.

> **무엇을** 기본 교재와 스스로 선택하는 책

몰입독서를 시작하기 전에 기본 교재와 선택 교재 목록을 준비한다. 기본 교재는 참가한 아이들 대부분이 읽으면 좋을 만한 책, 선택 교재는 아이의 성향이나 수준에 맞추어 준비하는 책이다. 그래서 아이의 수준이나 학년이 다양할수록, 또 여러 번 참가한 아이가 많을수록 준비할 교재가 많아지게 된다.

총 6시간인 경우는 얇은 책을 읽는 아이들을 염두에 두면 정말 책이 많이 필요하다. 그림책은 당연히 있어야 하고, 50~100쪽 정도의 동화책도 많이 구비해야 좋다. 주로 소설책 위주로 하고, 과학이나 역사와 관련된 소설책도 따로 준비한다. 기타 재미있는 책이나 유행하는 책, 시리즈물도 준비한다.

준비해야 하는 책이 많기에 전체 목록은 어디서 구할 수 있는지 물어보는 사람들이 많다. 연구소에서는 독서수업에서 교재를 선정할 때 쓰는 내부 자료를 활용한다.

교재는 많아도 걱정이고 적어도 걱정이다. 도서관처럼 너무 많으면 아이가 고르기 어렵고, 또 만화 같은 흥미 위주의 책만 고르기 때문이다. 연구소에도 연구용으로 만화책이 일부 있는데 아이들은 구석에 둔 그런 책들을 잘도 찾아낸다.

별도의 공간을 대여해서 진행할 때는 책이 적기 때문에 아이들은 재미있는 책이 없다고 불평한다. 그래서 일주일 동안 계속 몰입독서를 진행할 때에 첫날 많은 책을 제공하더라도 둘째 날이나 셋째 날부터는 매일 조금씩 새로운 책을 추가해서 준비하는 게 좋다.

아이의 수준과 성향을 파악해서 읽을 만한 책을 추천하는 것이 가장 좋은데 미리 책을 읽어 책 수준을 알아야 하니까 쉬운 일은 아니다. 그러므로 또래나 선배가 읽은 책을 눈여겨보고 그들이 재미있게 읽은 책을 권하는 것도 한 방법이다.

연구소에서는 요일별로 초등학생 3권, 중학생 3권의 기본 교재를 정하여 각 책마다 3권 이상씩 준비한다. 요일별로 구분하지 않으면 겉표지만 보고 재미있다, 없다 등을 판단하고 기본 교재 외의 다른 책을 찾는 경향이 있어, 가능하면 요일별 기본 교재를 먼저 읽고 다른 책을 읽도록 하는 것이다. 요일별로 별도의 서가에 기본 교재

얇은 책만 모아 놓은 연구소의 책장. 그림책 다음 단계의 얇은 책을 아이들이 직접 고르기 편하도록 따로 책장을 마련해서 꽂아 두었다.

와 최근에 나온 재미있는 책을 비치해서 책을 좋아하지 않는 아이들도 쉽게 책을 고를 수 있도록 한다.

　교재 분류는 아이들이 찾아보기 쉬운 형태로 진열되어 있어야 좋다. 연구소에서는 도서관처럼 십진법으로 분류하지 않고 우리나라와 일본, 중국, 기타 외국 책을 구분해서 제목순으로 정리해서 비치한다. 또 유명 작가는 별도로 구분해 두었다. 그림책은 윌리엄 스타이그, 존 버닝햄, 앤서니 브라운 등의 책을 따로 비치했다. 또 두꺼운 책이 있는 책장과 다른 곳에 얇은 책을 구분해 저학년 아이들이 그곳에서 스스로 책을 찾아보게 한다. 예전에는 그림책 이외에는 같이 배열했는데, 그림책 다음 단계에서 읽는 50쪽 정도의 얇은 책이 200~300쪽 두꺼운 책 속에 묻혀 있으니 스스로 찾아볼 생각을 하지 않았다. 특히 『김 배불뚝이의 모험』이나 『건방이의 건방진 수련기』, 『스무고개 탐정』 등 시리즈는 한곳에 모아두는데, 재미있으면 연속해서 읽게 한다.

　두꺼운 책도 아이들이 좋아하고 추천할 만한 책은 작가별로 구분해서 아이들이 직접 찾게 한다. 외국 작가는 로알드 달, 아스트리드 린드그렌, 오트프리트 프로이슬러, 미하엘 엔데, 벤 마이켈슨, 데이비드 월리엄스, 알렉스 쉬어러, 루이스 새커, 재클린 윌슨, 딕 킹 스미스, 애비 워티스 등이 있다. 또 중국이나 일본 작가로는 차오원쉬엔, 창신강이나 하이타니 겐지로, 시게마츠 기요시 등이 있고 우리나라 작가로는 황선미, 이금이, 김남중, 이상권, 김중미 등이 있다. 책이 흥미롭다면 그 책을 쓴 작가를 찾아 연관된 책을 아이 스스로 찾아보게 하는 것이다.

그렇지만 대다수의 아이들은 스스로 선택하기보다는 재미있는 책을 추천해 달라고 한다. 막연하게 물어본다면 아이가 재미있게 읽은 책이 무엇인지 묻고 비슷한 책을 찾아주거나, 아이 수준에 맞는 코너에 데려가거나, 좋아하는 작가별 코너로 데려가서 직접 고르게 한다. 그런데 구체적으로 물어보면, 이를테면 이런 소재나 주제를 찾아달라는 식으로 물어보는 경우는 한두 권을 골라줘야 한다. 추천하기가 난감할 때는 경험 있는 교사에게 도움을 청하는 수밖에 없다.

하지만 반대로 물어보거나 요청하지 않고, 또 집중하지 않고 느리게 책을 읽으면서 조용히 있는 아이들은 진행자가 먼저 적당한 책을 2~3권 골라서 권한다. 다 읽으면, 또는 읽다가 재미없으면 다른 책을 읽으라고 하면서 말이다. 이때를 위해서도 기본 교재나 재미있는 책은 두세 권이 필요하다.

연구소에서 몰입독서를 진행할 때는 매번 다른 주제를 정했다. 기본 교재를 선정하고 이에 맞는 독후활동 양식을 준비하기 위해서이다. 주제를 정한다는 것은 다소 형식적이긴 하나 고학년이나 높은 수준의 아이, 또는 이를 원하는 부모를 위해서이다. 책을 잘 읽는 아이라면 그저 읽는 시간을 길게 확보해 주는 것으로 만족하지 못하기 때문에 뭔가 다른 활동이 필요하다. 그래서 다른 초점으로 책을 읽게끔 시도하는 것이다.

주제는 이를테면 차별, 우정 등 관계의 다양성을 생각해 볼 수 있도록 월요일에는 왕따를 다룬 책, 화요일에는 사회적 차별, 수요일에는 또래나 형제간의 우정, 목요일에는 어른과 아이 관계, 다른 종끼리의 관계, 금요일에는 사회적 약자와의 관계를 다룬 책을 기본 교재로 선택했다.

2018년에는 '주인공은 문제를 어떻게 해결했는가?'라는 의문으로 중요 사건과 해결 방법, 주변 도움을 찾아보게 했다. 교재는 월요

● **몰입독서 5차 (2017년 2월, 봄방학)**
– 주제: 차별, 우정 등 관계의 다양성

요일	주제	초 5~6	중 2~3
월	왕따	잘못 뽑은 반장 1, 2, 양파의 왕따 일기 1, 2	내가 나인 것, 새로운 엘리엇, 트루먼스쿨 악플사건
화	사회적 차별 등	어둠 속의 참새들, 해피 버스데이, 시간의 선물, 낯짝이 간다	초콜릿 레볼루션, 계단의 집, 링어 목을 비트는 아이, 파도
수	또래, 형제 우정	굿바이 마이 프렌드 마지막 겨울, 나의 올드 댄, 나의 리틀 앤, 휘파람 반장	형 내 일기 읽고 있어?, 소년 탐정 칼레 1~3, 소년 세상을 만나다
목	어른·아이, 다른 종끼리	악당의 무게, 샬롯의 거미줄, 내 사랑 옐러, 부숭이의 땅힘, 마당을 나온 암탉	푸른 개 장발, 태양의 아이, 케스, 열네 살의 인턴십
금	사회적 약자	안녕 캐러멜, 앨피의 다락방, 나와 조금 다를 뿐이야, 내 동생 아영이	나는 백치다, 시베리아 호랑이의 마지막 혈투, 나무소녀, 거리의 아이들

일에 판타지, 화요일에는 자연과 동물을 다룬 동화, 수요일에는 모험과 장애, 목요일에는 생활 동화, 금요일에는 사회나 역사를 다룬 동화를 골랐다.

2019년에는 '한 작가가 그리는 가족관계는 주로 어떤 모양인가'라는 주제로 월요일에는 뇌스틀링거와 린드그렌, 화요일에는 송언과 김중미, 수요일에는 하이타니 겐지로와 차오원쉬엔, 목요일에는 이금이와 황선미, 금요일에는 로알드 달과 알렉스 쉬어러의 책을 고르는 식이다.

모두 주제에 맞는 양식을 정하고 간단하게 정리하게 했지만 이런 양식에 맞게 글을 쓰려면 6학년 이상이거나, 읽는 책의 수준이 제법 높은 아이만 가능했다. 그래도 몰입독서가 책만 읽는 것이 아니라 높은 단계에서는 주제를 정해서 읽는 것도 가능하다는 방향성을 찾을 수 있었다.

어떻게 읽기와 휴식, 읽기와 듣기 배합하기

몰입독서의 진행 방법은 첫날부터 오는 대로 바로 책읽기로 들어간다. 그 이유는 서먹한 사이에 예의상 인사를 한다고 달라지지 않고 분위기만 산만해지는 경향이 있다고 보기 때문이다. 아이들도 처음에는 의욕이 있고, 또 새로운 책에 대한 호기심이 있을 때라 원하는 자리에 앉아 바로 책을 읽는다. 그러면 다음에 오는 아이는 분위기를 살피고 바로 읽기에 들어간다.

아이들 자리에는 독서대를 세워 놓는다. 시작은 아이들이 책 읽는 모습을 찍은 사진을 보고 한 의사가 '목이 너무 굽었다'고 지적해서 그때부터 시작했는데, 지금은 몰입독서의 상징물이 되었다.

연구소에서 진행하는 것처럼 6시간 몰입독서를 하는 경우 1~2교시에는 기본 교재를 읽는다. 수준을 높게 책정했기 때문에 읽는 모습을 보고 기본 교재와 비슷하지만 그보다 좀 쉬운 교재를 아이 옆에 두 권 정도 놓아준다. 기본 교재니까 힘들어도 느리게 계속 읽는 아이가 있고, 바로 포기하고 교사가 제안한 책으로 바꾸는 아이도 있다. 3~4교시에는 잘 읽는 아이의 경우 같은 작가의 책이나 같은 소재의 책을 골라준다. 그렇지 않다면 얇은 책이 비치된 책장에 가서 직접 골라 읽으라고 한다. 5~6교시에는 아이가 직접 책을 선택한다. 만화책은 금지시킨다. 판타지나 역사물을 찾아 읽는 아이는 일단 그대로 두고 아이가 어떻게 읽는지 살펴본다.

이때 중요한 것은 읽을 때 집중하고 있는지 아닌지 판단하는 것이다. 산만한 아이나 부산한 아이, 수시로 옆을 쳐다보거나 책을 고른다고 자주 책장에 들락거리는 아이는 집중하지 않는다고 쉽게 판단할 수 있다. 그렇지만 움직이지 않고 조용히 책을 보고는 있지만 속도가 느린 아이는 정말 집중하고 있는지 판단하기가 쉽지 않다. 나는 일반적으로 읽기 속도를 관찰하라고 말한다. 그리고 쉬는 시간에 잠깐 1~3분 정도 줄거리를 발표하라고 하거나 책 소개라도 좋으니 읽은 책에 대해서 말하게 한다.

아이들은 첫날 처음 40~50분은 집중해서 책을 읽는다. 이후 계속 집중을 유지할 수 있는 것은 쉬는 시간의 영향이 크다. 부모들은

6학년 남학생이 일주일 동안 읽은 책 목록과 사진. 사진에는 3권이 빠져 있다. 목록에서는 흥미와 수준을 직접 체크할 수 있도록 했다.

긴 시간 책을 읽은 경험이 없는 아이가 몰입독서가 끝날 때까지 견딜 수 있을까 걱정하는데, 오히려 저학년들은 놀이터에서 뛰어 놀고 오면 금방 회복하기 때문에 긴 시간 집중을 유지하는 경우가 많다. 이보다는 고학년, 특히 여자아이들이 쉬는 시간에 몸을 잘 움직이지 않기 때문에 후반부에 갈수록 집중이 떨어지는 경향이 있다.

보통 때보다 훨씬 집중이 떨어진 상태로 있거나 무슨 이유인지 그림책에서 그림만 대충 본다거나 책을 건성으로 읽으면서 다소 무기력하게 시간을 보내는 아이가 있으면, 쉬는 시간의 모습을 관찰하거나 부모에게 이유를 물어본다. 어제 늦게 잤다거나 숙제가 많았다면 집중력이 빨리 고갈된다. 하지만 별다른 이유가 없을 수도 있으니 그런 모습을 기억하고 얼마나 자주 일어나는지 관찰하고 비교해야 한다. 일반적으로 3~4일째 5~6교시에 지친다면 아이의 집중력이 한계에 이르렀다고 판단할 수 있다. 나는 적극적인 아이라면 아이가 표현하기를 기다리는 편이고, 소극적이라면 먼저 다른 활동을 제안한다. 이를테면 고학년의 경우는 저학년 아이에게 그림책을 읽어 주게 하거나 저학년의 줄거리 발표를 듣게 하고, 저학년이라면 조교나 차이가 많이 나는 고학년에게 읽은 내용을 그림이나 말로 표현하게 한다.

아이들은 대체로 시계를 몰래 보거나 몸으로 느끼면서 쉬는 시간을 기다리고 자주 물어본다. 쉬는 시간을 몇 시 몇 분이라고 정하는 것보다 떠들거나 집중이 흩어진 아이들에게 10분 정도 집중하면 쉬는 시간을 준다고 말한다. 그러면 쉬는 시간을 갖기 전에 몇 분이라도 집중을 끌어올릴 수 있다.

　간식 시간도 마찬가지이다. 어떤 부모는 들어오자마자 간식을 받아가라고 한다. 그러면 아이들이 소란하고 우왕좌왕하면서 읽기 전 시간이 산만해진다. 그러므로 간식을 줄 때도 집중한 아이들이 모여 있는 책상부터 먼저 줄 거라고 말한다.

　이렇게 휴식이나 간식까지도 책읽기에 초점을 맞추기 때문에 아이들은 의식, 무의식적으로 집중해서 읽는 것이 좋다고 받아들이게 된다. 책도 후반부에 쉬운 책을 허용하고, 심지어 초등 고학년 아이들에게 그림책을 읽게끔 하는 것은 쉬운 책을 읽어서라도 집중을 유지하는 것이 좋다는 것을 가르치기 위해서이다. 책의 권수가 늘어나는 것보다 집중력을 자각하는 것이 더 중요하다.

　시작하는 초기에, 또는 책을 잘 읽지 못하는 아이나 집중하지 못하는 아이가 있으면 몰입독서 중 혹은 쉬는 시간에 2~3분 정도 할애하여 줄거리를 말로 발표하는 활동을 한다. 4~5명을 한 모둠으로 정해 조교나 고학년 중심으로 줄거리를 1분 이야기하고 친구가 질문을 한다거나 책 표지를 보여 주면서 책 소개를 하는 식이다. 이때는 내용을 쓰는 것이 아니라 말로 발표한다. 이런 짧은 활동을 하는 목적은 결과물을 남기기 위해서가 아니라 아이들이 자기 수준에 맞는 책을 집중해서 읽었는지 스스로 판단하는 데 도움을 주기 위해서이다.

　그런 다음 5교시쯤 20~30분 쓰기 활동을 한다. 주제가 있으면 이에 맞춰 양식을 새로 만들어 쓰게 한다. 저학년이나 잘 읽지 못하는 아이의 경우는 가벼운 양식을 준비해서 나눠 준다. 6교시 끝 무렵에 내가 읽은 책을 적게 한다. 그림책은 너무 많아 10권으로 제한하기도 한다. 매일 적으면 5일 동안 읽은 양이 제법 되는데, 이 양식은 아이를 판단하는 기본 자료가 된다.

고학년이나 책을 잘 읽는 아이한테는 사고력이나 독해력 관련 점검도 해야 하므로 몰입독서 독후활동 양식을 준비한다. 양식의 내용을 모두 채우는 식으로 만들면 시간도 많이 걸리고 평가 성격이 강해지기 때문에, 양식을 채우는 시간이 30분을 넘지 않도록 만드는 것이 관건이다. 그렇게 하려면 어떤 힌트나 예시를 많이 줘야 한다. 특히 고학년들은 분석적인 글쓰기를 위해 별도의 양식을 활용하기도 한다.

한편 몰입독서를 진행할 때 중요한 것이 듣기 활동이다. 그냥 듣는 것이 아니라 책을 펼쳐 들으면서 눈으로 따라 읽는 방식이다. 듣기를 하는 이유는 여러 가지가 있다. 책만 읽는 것이라 지루할 수 있어 변화를 주기 위해, 또는 들으면서 읽을 때 더 생생하게 장면을 떠올릴 수 있게 하려고, 또는 읽기와 듣기에서 집중 상태가 다름을 경험하게 하기 위해서이다. 게다가 평소에 읽는 책보다 두꺼운 책이나 어려운 책도 듣기는 가능하기 때문에 다음 단계로 올라가는 데 도움이 된다.

듣기 시간에는 교사가 책을 읽어주는 것보다는 미리 녹음한 것을 틀어주는 게 좋다. 그날 듣기 시간 전에 미리 책을 녹음해 둔다. 녹음 파일을 틀어주면 교사는 듣는 아이들의 반응을 보며 대응할 수 있다. 아이들이 보통 눈으로 10분에 20쪽 전후를 읽는데, 일반적으로 읽어주는 속도는 빨라도 10분에 10쪽이다. 그래서 그 자리에서 읽어주면 지루해하거나 눈으로 먼저 읽는 아이들이 나타난다. 그런데 책을 미리 녹음해서 틀어주면 아이들 반응을 살피면서 배속을 조절할 수 있어 좋다. 이때 아이들은 각자 듣기 책을 준비해서 눈으로 보면서 듣는다. 듣기는 교사도 같이 들으며 관찰할 수 있어, 아이들이 딴짓을 하지 않게 된다. 단 주의할 점은 듣기가 끝나면 저작권 문제가 있으니 녹음 파일을 바로 폐기하고 재사용하지 않아야 한다.

10여 명이 넘으면 두 그룹으로 나눠서 듣기를 진행한다. 수준이 너무 높거나 낮은 아이가 한두 명 있으면 개별적으로 듣기를 시킨다. 집에서 mp3, 이어폰 등을 준비해 오라고 하기도 하고, 휴대폰으로 듣게 하기도 한다.

듣기는 대체로 점심을 먹고 나서 3교시에 하루 40~50분 정도한다. 그 이유는 4교시에 책을 읽고 5교시에 짧은 독후활동을 하고 6교시에 다시 읽기를 진행하기 위해서이다. 듣기를 4교시에 하고 5교시에 이어서 독후활동을 하면 읽기가 끊어지는 느낌이다. 물론 몰입독서 시간이 4~5시간이거나 방이 2개뿐일 때는 조정해야 한다. 처음과 마무리에 꼭 읽기 시간을 배치한다면 듣기 시간이나 독후활동 시간을 확보하기가 쉽지 않아 상황에 따라 융통성을 발휘해야 한다.

연구소에서 듣기 교재로 쓴 책을 보면 처음과 종류가 많이 달라졌다. 초기에는 얇은 책에서 두꺼운 책으로 넘어가지 못하는 점이 신경 쓰여 두꺼운 분량의 판타지 책을 선택했다. 그래서 100쪽 이하를 읽는 아이들에게 『짐 크노프와 기관사 루카스』, 『꼬마 바이킹 비케』 등을 듣게 했다. 수준 높은 아이에게는 명작이나 한국 작품을 하면 어떨까 하는 생각이 들어 『톰 소여의 모험』과 『장길산』을 읽어 주었다.

최근엔 출판이나 아이들 취향이 판타지 쪽으로 기운 듯해서 듣기 교재는 내용이 무거운 생활 동화를 선택하고 있다. 이를테면 하이타니 겐지로의 『태양의 아이』, 『나는 선생님이 좋아요』, 황선미의 『푸른 개 장발』, 이금이의 『너도 하늘말나리야』 등이다.

몰입독서에서 사소하지만 꼭 필요한 사항

휴식

50분 읽으면 10분간 쉬는 시간을 갖는다. 쉬는 시간에는 몸을 움직이는 게 좋다. 놀이터에 나가 놀이기구를 타고 이야기를 나누거나 산책을 하도록 한다. 놀이기구와 상관없이 아이들이 모여 있으면 다 같이 어떻게 해서든지 놀 수 있다는 점을 강조한다. 그렇지 않으면 주도하는 아이가 일부를 배제하면서 놀거나 특정 놀잇감을 가져와 끼리끼리 놀 수도 있다. 개인적으로 놀잇감을 가지고 오는 건 금지한다.

별로 할 일이 없다고 불평하지만 쉬는 시간에 몸을 움직여야 한다며 비 오는 날에도 나갔다 오게 한다. 이렇게 10분 정도 몸을 움직이게 하면 거의 대부분 6시간 동안 잘 버틴다. 특히 저학년은 경쟁하듯이 뛰어다니기 때문에 더 좋다. 처음에는 10분 정도에 돌아오지만 나중엔 10분이 넘는 경우가 많다. 그래도 20분이 넘거나 갈등이 생기지만 않는다면 허용한다. 그래서 공간을 찾을 때 놀이터가 얼마나 가까운지도 살펴야 한다.

> 간식

점심은 간단히, 끝나고 간식은 다소 푸짐하게 먹는다. 점심은 주먹밥이나 김밥 등 평소보다 일찍 12시 이전에 먹는다. 그리고 끝나고 먹는 간식은 아이들이 좋아하는 것으로 많이 준비한다. 사정에 따라 먹는 것이 아니라 노는 것으로 보상하기도 한다.

점심과 간식은 요일별로 달리하고 둘을 조화롭게 하려면 신경이 많이 쓰인다. 가격뿐 아니라 배달이나 거리 등도 감안해야 한다. 점심은 비슷한 학년끼리 나눠서 먹지만 끝나고 먹을 때는 다 같이 모여서 먹는다. 그때 서로 인사를 하게 한다. 이름을 기억하진 못해도 형인지 동생인지 구분하는 정도도 괜찮다. 연구소 몰입독서에서 아이들이 대체로 제일 좋아하는 간식은 떡볶이, 오뎅, 순대 등이었다. 그런 날은 점심을 돈까스 같은 것으로 정했다. 중간에도 사탕이나 과일, 핫초코 등을 준비해서 분위기를 바꿀 때 활용했다.

[별도 놀이]

몰입독서 과정이 모두 끝나면 아이나 부모 모두 뿌듯해하는데, 이때 구체적으로 보상을 해 주면 좋다. 게임이나 영상 시청 등 독서에 영향을 주는 것은 피하고 참가자끼리 물놀이를 가거나 집단으로 함께 할 수 있는 캠프를 다녀오는 것도 좋다.

[수료식]

몰입독서 마지막 날에는 평가 양식으로 평가를 하고, 간단하게 수료식을 갖는다. 인증서를 개인별로 나눠주고 여러 번 참석한 아이는 누계 참석 시간을 병기한다. 인증서를 받은 아이들은 긴 시간 동안 몰입해서 책을 읽고 일정을 잘 마무리한 것에 뿌듯함을 느낀다.

몰입독서 과정이 끝나고 수료증을 받고 좋아하는 아이들

왜 문해력을 높이는 동화와 소설 읽기

몰입독서에 사용하는 교재는 거의 대부분 동화와 소설이다. 그 이유는 우선 몰입할 수 있기 때문이다. 소설이라고 해도 영상매체나 친구와 놀 때만큼 재미있지 않겠지만 공부할 때보다는 훨씬 흥미를 갖고 읽을 수 있다.

흥미를 중시한다고 해서 아이들이 즐겨 찾는 판타지나 추리 소설을 기본 교재로 사용하지는 않는다. 이들은 주인공이 이미 갖고 있는 능력으로 문제를 해결하기 때문에 성장하는 모습이 보이지 않지만, **작품성이 높은 창작 소설은 주인공이 사건을 해결하면서 성장하기 때문에 아이들은 이런 소설을 읽어야 좋다.**

창작 소설을 집중해서 읽을 때의 장점은 크게 두 가지로 나눌 수 있다. 첫째는 구성을 파악하는 능력이 생기고, 둘째는 감정이입하는 능력이 높아진다. 소설은 기승전결, 또는 발단-전개-위기-절정-결말의 구성을 갖고 있다. 소설을 읽고 전체적인 내용을 기억하거나 이해하기 위해서는 이런 구성에 익숙해야 한다. 앞 내용을 기억해서 뒤 사건과 연결시켜야 하고, 하나의 사건을 이해하기 위해서는 앞뒤의 사건을 고려해야 한다. 결말을 읽고 나서 앞 내용을 다르게 해석하게 되는 소설도 많다. 또 아이들이 읽는 소설은 대체로 성장 소설의 성격을 갖고 있기 때문에, 앞에 나오는 주인공 성격이 사건이 전개되면서 뒤에서는 바뀐다는 점을 염두에 두어야 한다. 물론 비소설도 구성을 갖고 있다. 과학은 중요한 내용을 나열하는 형태로 배치되어 있고, 논리적인 설명은 세부 지식에 국한되어 있다.

역사는 시간의 순서로 전개되고 있지만 앞 사건과 뒤 사건의 상관관계를 찾기가 쉽지 않다. 그래서 비소설에 나오는 지식은 아이 입장에서 보면 체계적인 지식이 아니라 단편적인 정보에 가깝다.

초등학생 시절에는 이런 단편적인 사실을 묻는 경우가 많아 총체적으로 이해하는 것과 그렇지 않은 것이 별 차이가 나지 않지만, 고등학생쯤 되면 크게 차이가 난다. 지식을 총체적으로 연결시키지 못하고 단편적인 정보를 암기하는 형태로 접근한다면 공부가 힘들어진다. 기억을 해도 시험 때 빠르고 정확하게 인출하는 것이 어려운데 자신이 습득한 지식이 너무 체계가 없어 머릿속에서 엉켜 있기 때문이다. 이런 아이들은 힌트를 주면 답을 맞히지만 그렇지 않을 때는 엉뚱한 대답을 하기도 한다.

요즘은 시작-중간-끝 같은 기본적인 구성도 익히지 못한 아이들이 많다. 이런 기본적인 구성을 파악하지 못한 채 체계적인 지식을 단편적인 정보로 쪼개서 기억하고 이해하는 습관을 갖게 된 까닭은 무엇일까? 아마 어려서부터 옛이야기나 동화를 건너뛰고, 어려운 역사나 과학에 관한 책을 읽었기 때문에 그럴 것이다. 지식 책은 단편적인 사실을 이해하고 낱말의 뜻을 정확히 암기하는 방법을 택할 것이고, 옛이야기나 동화는 전체를 파악해서 지식을 체계적으로 구축하는 형태로 읽게 된다. 그래서 지식 책을 먼저 읽으면 짧은 문장이라도 앞뒤 문장과 연결해서 이해하는 습관을 가질 수 없다.

책읽기를 통해 간접경험을 한다고 할 때는 동화나 지식 책뿐 아니라 모든 책이 다 포함된다. 영상 자료도 있고, 다른 유형·무형 자료들이 있다. 그런데 자신의 삶을 돌이켜보게 하는 자료는 영상매체보다 책이 더 효과적이다. **영상매체는 매체가 갖는 강한 특성 때문에 아이들이 능동적으로 생각하기가 쉽지 않다. 읽으면서 적극적으로 사고하려면 책 중에서도 지식 책보다 소설이 적합하다.** 소설에서는 다양한 사람들이 저마다의 성격을 갖고 활동하면서, 어떤 사건에 대해 서로 다른 입장과 해결책을 모색하기 때문이다.

예를 들어 '왕따'를 다룬 소설은 가해자, 피해자, 방관자들이 나오는데 학교가 배경이라면 교사, 학생, 학부모들이 서로 다른 역할을 맡는다. 비소설에서 이런 차이는 사람 대신 찬반 논리로 대체되는데 아이들은 이를 구체적인 경험으로 받아들이기 힘들다. 아이들은 소설을 읽으면서 주인공을 포함해서 등장인물에 감정을 이입하고 자신과 동일시한다. 또 다른 인물의 생각과 행동을 보면서 나와 다른 입장의 논리도 이해하게 된다. 현실의 삶은 반복적이면서 일회성이어서 반성하기가 쉽지 않고, 사건들이 얽혀 있고, 인물도 끝없이 연결되어 있다. 발단과 결말이 없다. 하지만 소설에는 인물이 제한되어 나오고, 그 인물의 성격도 비교적 뚜렷하다. 반복해서 읽으면서 전체적인 내용을 파악하기가 용이하다.

아이들에게는 입양이나 죽음 등 어른들의 문제를 다룬 소설보다는 왕따, 우정, 가족관계 같은, 아이들이 직·간접으로 접할 수 있는 문제를 다룬 소설이 적합하다. 또 아이를 주인공으로 내세우지만 어른들이 주도하는 소설이 아니라, 아이들 시각에서 세상을 바라보고 아이들이 문제를 해결하려고 노력하는 소설이 좋다. 이런 과정을 거쳐 아이들이 서로 협력하고 성장하는 모습이 나오면서 주변 관계까지 변하게 하는 과정이 나타나면 더 좋을 것이다.

앞에 도서관장 이은희가 쓴 글에 나온 논문 두 편을 다시 살펴보자. 대구대학교 교수 권은경이 쓴 논문 「독서 자료의 유형과 읽기 성적의 관계」를 보면, 비소설을 읽은 학생과 소설을 읽은 학생의 성적 차이가 크지 않다. 비소설을 읽은 학생이 6점 정도 높다. 그런데 OECD 평균에서는 오히려 소설류를 읽은 학생이 20점 높다.* 이런 결과는 우리 상식과 다르다. 우리는 흔히 소설을 주로 읽는 아이들이 공부를 못할 거라고 생각한다. 그래서 소설 읽는 것을 공부로 간주하지 않지만, 이 결과를 보면 공부를 잘하는 아이들은 비소설뿐 아니라 소설도 즐겨 읽는다고 볼 수 있다.

전라북도 이리여자고등학교 사서교사 김성준이 조사한 독서 실태를 보면, 독서 능력에 영향을 미치는 요인으로 독서교육보다 독서 경험이 큰 것으로 나타났다.** 이 조사 결과에 따르면 <u>독서교육 활동에 많이 참여한 것보다 많은 시간, 많은 양의 독서를 한 아이들</u>

- 권은경은 자료 유형에 따라 읽는 학생과 읽지 않는 학생 간의 성적 차이를 밝혔다. 비소설류 32점(562/530), 소설류 30점(556/526) 등으로 읽는 학생의 성적이 높게 나타나고, 잡지는 –1점(539/540), 만화는 –9점(534/543)으로 읽는 학생의 성적이 낮게 나타난다. OECD 평균에서 소설류는 53점(533/480), 비소설류는 22점(513/492), 잡지 15점(501/486), 만화 –3점(492/495)이다. 이 자료를 근거로 내가 비소설류를 읽는 학생과 소설류를 읽는 학생 간의 비교를 한 것이다.
- • 그가 말하는 독서교육은 '독서교육활동 참여 정도', '독서교육활동 만족도', '교사의 영향', '학부모의 영향', '친구의 영향'이고 독서경험은 '독서량', '독서시간'이다.

의 독서능력이 높다. 독후활동보다는 독서 자체가 더 영향을 미쳤다는 것이다. 그래서 몰입독서에서는 독후활동으로 평가를 하기보다는 집중해서 소설을 읽을 수 있도록 유도하는 것이다.

몰입독서를 운영하는 적절한 인원

아이들 참여 인원이 총 10~15명이라고 할 때 교사는 총괄 1명, 관찰 2명이 적절하다. 관찰은 학년으로 따지면 저학년, 고학년으로 나누거나, 수준으로 따지면 중간 이상 높은 수준, 낮은 수준으로 나누어 2명의 교사가 아이를 두 그룹으로 나누어 맡는다. 관찰은 아이들이 집중해서 읽게끔 하고, 기록하는 역할을 한다. 총괄은 자리 배치나 시간 운영 등 종합적으로 관리하는 역할을 한다. 참가 인원이 적은 경우에도 교사가 최소 2명은 있어야 좋다. 순간 판단하거나 결정해야 할 것이 너무 많아, 혼자서는 부담이 크기 때문이다.

동아리 형태로 진행하는 경우 한 사람이 총괄을 계속 맡는 것은 부담이 된다. 몇 년 동안 몰입독서를 진행한 동아리의 경우는 총괄을 맡은 부모가 대략 2년에 몇 개월씩 쉬었다고 한다. 다른 곳은 혼자 부담이 커서 3년 정도 진행하다가 멈추기도 했다. 오래 지속하는 팀은 대체로 여러 명이 돌아가면서 맡는다. 심지어는 매일 총괄을 바꾸기도 한다.

동아리의 경우 부모와 자기 아이와의 관계가 두드러질 때 문제가 된다. 아이가 부모에게 자기한테만 어떤 예외를 적용해 달라고 이런저런 요구나 불평을 늘어놓는 경우 참 난감해진다. 또는 부모가 자기 아이에게는 자세나 지시사항을 엄격하게 지키도록 요구하는 경우도 난처하다. 특히 자기 집에서 몰입독서를 진행하는 경우 친구들에게 이것저것 자랑하거나 흥분하는 아이들이 있는데, 이를 제지하면 아이는 '왜 나한테만 그러냐?'며 억울해할 것이다. 이런 경우 부모는 모든 사항은 총괄에게 직접 요구하라고 하고, 결정권이 없음을 분명히 하는 게 필요하다.

동아리의 경우 부모가 직접 참여하기 때문에 몰입독서가 아이한테 효과가 있는지 없는지 판단하기 좋다. 특히 책을 잘 읽지 못하거나 저학년 아이의 경우 확실히 효과를 확인할 수 있다. 반면에 책을 잘 읽거나 고학년 아이의 경우는 평소에 집에서 읽는 것과 큰 차이가 없으므로 읽기 이상의 효과를 원하는 경우가 많다. 그래서 처음에 환영하던 부모들도 횟수가 거듭될수록 별 차이가 나지 않는다고 답답함이나 회의를 느끼기 시작한다. 이 경우 오래 참여한 부모나 교사에게 조언을 구하는 것이 제일 좋다.

관찰 역할은 편하기도 하고 매우 힘들기도 하다. 어쨌든 평가할 만한 결과물이 없어 관찰을 통해 필요한 부분에 대응하고 수정해 나가야 해서 관찰은 필수적이다. 관찰 역할은 아이를 관찰하고 특이사항을 기록하는 것을 하는데, 무엇을 어떻게 관찰해야 하는가 적절한 지침이 없을 경우 막막할 수 있다. 나는 오랜 경험을 토대로 관찰 지침을 만들었는데 이 내용을 참조해서 관찰하면 좋을 것이다.

  간략하게 정리하면, 첫째 기본적인 지시사항만 간략하게 얘기하고 스스로 책을 읽게 한다. 다음에는 집중하는 모습을 자세히 관찰하며 대응한다. 그리고 지시한 내용도 아이의 상황에 따라 다르게 하기를 요구한다.

  우선 아이를 처음 만나거나 처음 본 날에는 기본적인 지시사항만 간단히 얘기하고 기본 교재를 읽으라고 한다. 아이들은 자신의 본 모습을 처음부터 드러내지 않으며, 어떤 정해진 모습, 그러니까 교사가 기대한다고 생각하는, 또는 자신에게 부담이 최대한 적게 떨어질 만한 모습을 '연출'할 것이라고 생각하기 때문이다.

  그럼 일부는 알았다는 식으로 자기가 나름대로 판단해서 읽기 시작한다. 다른 일부는 그것만으로는 알지 못하겠다면서 그다음에 무엇을 할 것인지 묻거나 더 자세한 설명을 기다린다는 식으로 소극적으로 참여한다. 다음을 묻는 아이에게는 지금 하는 태도에 따라 달라진다고 말한다. 그러면 아이는 이해하지 못하겠다는 표정을 짓지만 일단 지금 할 일을 한다.

  소극적으로 참여하거나 심지어 아무것도 안 하고 가만히 있는 아이라면 대응은 쉽지 않다. 처음이라 자세하게 설명해 주는 것이 당연하다고 생각하겠지만 오히려 좋지 않다. 왜냐하면 같은 상황이 반복되는 경우 여전히 자세하고 친절하게 설명해줄 때만 따르겠다는 자세로 나오는 아이들을 많이 봤기 때문에 마음의 갈등이 생기는 것이다. 그때는 아이에게 교재 한 권을 주거나 서너 권을 갖다 주거나 교재를 비치한 곳에서 스스로 찾아보라고 한다.

　기본 교재를 읽으면서 재미있게 읽거나 집중하는 모습을 보이면 안심하지만 그렇지 않다면 아이의 대응을 살펴본다. 책을 느리게 읽거나 집중하지 못하면서 그 책을 고집하는 아이도 있고, 기본 교재 중 다른 교재를 찾는 아이도 있고, 아예 기본 교재가 아닌 자기가 책을 선택해서 읽는 아이도 있다. 책을 바꾸면 좋은데 바꾸지 않고 집중하지도 않으면서 여전히 책을 붙들고 있고, 그렇다고 다른 아이들을 방해하는 것도 아니라면 좀처럼 개입하기 힘들다.

　읽는 속도가 느리다면(10분에 10쪽 정도) 그 아이를 포함해서 몇 명의 아이들에게 읽기 속도를 점검한다고 얘기하고 10분마다 몇 쪽 읽었는지 말하게 한다. 물론 어깨 너머로 쪽수를 확인할 수 있지만 그런 모습을 근거로 아이는 감시 또는 평가받는 것으로 해석할 수 있어, 공개적으로 말하는 편이다.

　즉 눈으로 읽을 때는 소리 내서 읽을 때보다 빠른 게 정상인데 그렇다면 200쪽 동화를 기준으로 보면 10분에 20~30쪽 정도 된다. 천천히 정독한다고 주장하더라도 너무 늦게 읽는 경우는 한 글자, 한 글자 눈으로 따라가면서 읽기 때문에, 즉 의미 단위로 끊어서 읽는 것이 아니기 때문에 집중하지 않는다고 본다. 그럴 때 다른 책을 권하거나 쉬운 책을 읽어도 좋다고 개인에게 또는 전체에게 말하기도 한다.

　속도가 느리지 않지만 집중하지 못하는 아이라면 아이가 재미있게 읽을 만한 책을 서너 권 옆에 가져다주고 한두 권 고르라고 하고 다른 책은 치운다. 아이에 따라 읽어야 할 책이 옆에 많이 쌓이면 부담을 갖는 경우도 있었다.

이런 아이들보다 더 어려운 아이들은 교사의 기대에 부응하는 모습을 보이면서 적극적으로 참여하고 대응하는 아이들이다. 교사들이 대체로 좋아하는 태도지만 자신의 생각을 억누르고 있는 것이 아닐까 하는 생각이 든다. 이런 아이 중에는 교사가 무엇을 원하는지 파악하려고 끊임없이 교사의 얼굴을 쳐다보는 아이도 있고, 교사가 뭔가 새로 시키면 즉시 그런 방향으로 태도를 바꾸는 아이도 있다.

이런 아이들에게는 내가 지시한 것이 기본적인 내용이라 다르게 해석할 수 있다고, 또는 평균적인 내용이라 개인에 따라 달라져야 열심히 하는 것이라고 말해준다. 예를 들어 기본 교재부터 읽으라는 말을 들으면 어려워도 읽으려고 애쓰는 태도가 바람직하겠지만 이것이 모두에게 적합한 것은 아니라고 말한다. 즉, 책이 내 수준보다 약간 어려운 정도면 참고 읽어야겠지만, 많이 어렵다면 포기하는 것이 맞다. 근데 어렵지도 않은데 다른 책을 찾는 것은 곤란하다고 말한다. 오지선다형 정답에 익숙한 아이들에게는, 또 교사가 말한 대로 실천해야만 높은 점수를 받는다고 아는 아이들에게는 이해하기 힘든 얘기일 것이다. 그래도 내가 지시한 것을 글자 그대로 실천하는 것이 잘하는 것은 아니며 더 나은 방법을 찾기 위해 회의하고 의심하는 것이 더 좋은 태도라고 생각해서 계속 이런 입장을 취하고 있다.

관찰 기록은 상당히 주관적이고 근거가 미약하기 때문에 부모 상담 때 직접 활용하기는 어렵다. 그보다는 더 객관적인 자료를 준비해야 한다. 대표적인 것이 읽은 책 목록이다. 매일 적은 책 목록을 보면 무슨 책을 읽는지, 그 책이 아이 학년 수준과 비슷한지 비교할 수 있다. 또 속도를 한두 번 기록해서 읽기 속도를 확인한다. 만약 상담이 필요한 아이라면 조교가 간단한 독후활동을 진행할 때 옆에서 관찰한다. 그리고 백지 또는 양식에 쓴 내용과 연결시켜 아이의 현 수준, 부족한 측면, 앞으로 노력했으면 하는 부분 등을 정리한다. 이때 아이 옆에서 기록을 하면 평가로 받아들일 수 있으니, 나중에 기록하거나 정리하는 것이 좋다.

상담은 기본적으로 부모의 말을 듣고 진행한다. 교사가 객관적으로 평가해서 얘기하는 것이 아니라 부모가 요구하는 것과 기대하는 수준에 비추어 아이가 어떠한지, 특히 어떻게 하면 좋은지 얘기하는데, 이때 많은 부모가 어떻게 하면 좋은지 알고 있는 경우가 대부분이다. 그러므로 대체로 부모의 의견을 지지해 주는 것이 좋고, 여기에 조금 추가 요구사항을 전달한다고 보면 좋다.

집단 상담이라면 총괄 역할은 일반적인 얘기를 진행하고, 아이를 잘 아는 교사나 부모가 구체적인 얘기를 하는 방식으로 준비한다. 그리고 파악이 잘 되지 않는 영역은 잘 모르겠다고 하고, 있는 그대로 말하겠다는 입장을 취한다. 그렇지 않다면 심리적 부담이 어마어마하게 클 수밖에 없다.

관찰 시 체크 포인트

[읽기]

- 읽고 있는 책이 아이 수준에 맞는가?
- 책 읽는 속도가 어떠한가?
- 기본 교재를 잘 읽는가?
- 권하는 책을 받아들이는가?
- 저학년 – 그림책을 읽을 때 글을 읽지 않고 그림만 보는가?
- 고학년 – 후반부에 쉬운 시리즈 책을 긴 시간 읽고 있나?

[집중]

- 책 읽을 때 집중을 잘 하는가?
- 책 읽는 시간에 표 나지 않게 '멍 때리고' 있지는 않은가?
- 아이들끼리 보이지 않게 서로 견제하지는 않는가?
- 점심 먹기 전후 집중에 차이가 있는가?
- 어제와 오늘 집중이 다른 원인은 무엇인가?
- 저학년 – 책 읽다 서로 키득거리는데, 집중하는 것일까?
- 유난히 집중하지 못할 때, 그 차이는 어느 정도인가?

[휴식]

- 쉬는 시간 초등 고학년과 중·고등학생은 저항 없이 나가는가?
- 놀이터에서 여러 명이 무리지어 상대를 놀리거나 하지는 않는가?
- 놀이터에 다녀오는 시간이 많이 늦어지지는 않는가?

[개입]

- 교사의 지시를 잘 받는가? 버티는가?
- 조교의 존재가 분위기에 어떤 영향을 주는가?
- 양식에 쓰기를 할 때 읽은 책 중 어느 수준의 책으로 쓰는가?
- 발표 시간에 크게 발표하는가, 작게 발표하는가?

[태도]

- 책 읽는 시간, 쉬는 시간, 간식 시간에 태도의 차이가 있는가?
- 자리 바꾸고 나서 아이의 태도에 변화가 있는가?
- 붙어 앉아 있는 아이들은 함께 처지는 느낌이 있지 않은가?

사례로 살펴보는 몰입독서 참가자 이야기

몰입독서에서 집중해서, 긴 시간 책을 읽은 아이들은 자신들의 경험에 대해 어떻게 생각하고 표현할까? 어떤 점에서 달라졌을까? 어떤 것을 성취했을까? 좋았던 점과 힘들거나 아쉬웠던 점은 어떤 것일까? 또한 방학에 학원 등 다른 것을 제쳐두고 몰입독서 프로그램을 선택한 부모들은 어떤 이야기를 할까? 평소에 부족하다고 생각했던 독서를 통해서 책읽기 습관을 들이거나 집중하는 태도를 익히거나, 긍정적인 성과가 있다고 생각할까? 30시간이어도 짧은 기간인데 이것으로 뭔가 성취했다거나 만족스러운 느낌을 받고 있을까? 몰입독서에 참가한 아이들과 부모들의 생생한 소감을 들어보자.

몰입독서 참가자1 　 아이들의 이야기

"어느 날 엄마가 연구소에서 하는 몰입독서를 할 거냐고 물었다. 그래서 그게 뭐냐고 했더니, 하루 종일 책만 읽는 것이라고 했다. 처음에는 괜찮다고 했지만, 하루 종일 책만 읽는다고 생각하니 힘들 것 같아서 마음이 바뀌었다."

평소에 책읽기를 싫어하는 아이라면 하루 종일 책을 읽는다고 하면 말도 안 된다고 생각할 수도 있다. 그러면 엄마는 이렇게 덧붙인다. 중간에 점심도 먹고, 간식도 먹는다고. 또 1시간마다 놀이터에 나가서 쉰다고. 그럼 마음이 흔들리는데 친구가 온다고 하니까 그럼 나도 한 번 참여해볼까 하고 마음을 바꾼다.

반면에 책을 좋아하는 아이들은 이런 시간을 반길 수도 있다.

"몰입독서가 좋은 이유는 평소에 읽고 싶었던 책을 6시간 정도 계속해서 읽을 수 있었기 때문이다. 평소에는 숙제하고, 독서 수업 교재를 읽느라 다른 책을 못 읽고, 주말에만 내가 읽고 싶은 책을 읽을 수 있었다. 그런데 몰입독서에서는 그냥 읽기만 하니까 참 좋았다."

초등 고학년이나 중·고등학생들은 스스로 '집중력'이 부족함을 인식하고, 몰입독서를 통해 집중력을 기를 수 있다는 기대로 참가한다.

"새로운 책을 집중해서 읽고, 집중해 읽는 것을 습관으로 만들고 싶다."

또는 재미없는 책을 어떻게 집중할지 고민하면서 오기도 한다. 고등학교 2학년 여학생은 이렇게 말했다.

"내년까지만 학교를 다니면 나도 이제 성인인데 아직 집중력이 약한 것 같다. 집중력을 키우고 싶다."

부모의 권유든, 스스로 좋아서 선택했든 아이들은 몰입독서에서 가장 좋았던 점이 책읽기의 재미를 느끼게 되거나, 책을 마음껏 읽을 수 있는 거라고 했다.

"몰입독서는 좀 힘들었다. 하지만 좋은 경험이라고 생각한다. 집에서 책을 조금씩 나눠 읽는 것보다 한 번에 쭉 읽어서 훨씬 더 재미있고 좋았다. 또 책 읽는 분위기가 참 좋았다."

매일 몇 권의 책을 읽고 권수가 쌓이면 성취감도 느끼게 된다.

"나는 5일 동안 몰입독서를 하면서 23권 정도를 읽었다. 원래는 30권 정도를 읽고 싶었는데, 시간이 부족해서 그만큼은 읽지 못했다. 다음에 할 때는 기간을 더 길게 해서 목표한 것보다 더 많은 책을 읽고 싶다."

이렇게 아이들은 책읽기에 집중할 수 있다는 점을 장점으로 꼽는데, 의외로 발표하기나 쓰기 등에 큰 흥미를 느끼는 경우도 있다.

"몰입독서에서 가장 기대한 것이 발표하기나 쓰기 활동이었다. 전체 발표보다 개인 발표나 책 소개를 하는 것이 좋았다. 친구들의 발표를 듣고 다른 책에 대해 호기심을 갖게 되고, 읽고 싶다는 생각도 들었다."

발표나 쓰기가 독후활동이어도 평가를 하지 않기 때문에 오히려 긍정적인 자극이 되었을 것이다. 몰입독서 후에 뭐가 달라졌냐고 물으면 대개 책읽기가 더 잘 된다고 이야기한다.

"읽기가 빨라졌다."

"두꺼운 책도 잘 읽을 수 있게 됐다."

"책 읽는 속도가 느린 편인데 요즘 좀 빨라져서 책 읽는 재미를 더 느끼게 되었다. 긴 시간 여러 권의 책을 완독해서 좋았다."

2020년 연구소 몰입독서에서는 아이들에게 특히 '집중'에 초점을 두라고 하고, 집중에 대해 평가 양식으로 물어보았다. 아이들은 집중을 좌우하는 요소로 어떤 것을 꼽을까? 아이들이 쓴 내용을 분석해보니, 크게 책과 시간의 문제로 나눌 수 있었다. 책이 재미없거나, 자신이 좋아하는 장르가 아니거나, 너무 어려운 경우 집중이 잘 안 된다고 했다. 또한 아침 첫 시간과 점심시간 전후에 집중이 힘들다고 이야기했다. 너무 배고프거나 점심을 먹고 배부를 때도 집중이 힘든 것이다. 또 일부는 끝나기 직전인 마지막 시간에 집중이 흐트러진다고 했다. 잠이 오고 졸린다는 것이다. 의외로 친구나 주변 요소에 대한 이야기는 별로 없었다.

집중이 안 될 때 어떻게 하는지 물었더니, 조금 쉬거나 물을 마시거나, 초콜릿이나 사탕 등을 먹는다고 했다. 실제로 관찰해 보면 잠깐 눈을 감거나 엎드려 있고, 허공을 보는 아이도 있었다. 읽던 책을 멈추고 그림책을 보거나, 다른 책으로 바꿔 읽기도 했다. 그리고 다시 책 속으로 들어가기 위해 애쓰기도 했다. 아이들은 주변을 무시하고 책에만 몰입하려고 하거나, 또박또박 천천히 읽어보고, 책 내용을 이해하려고 노력했다. 최대한 책에 흥미를 가지려고 노력하고, 나라면 책 속 상황에서 어떻게 할지를 계속 생각해 본다는 아이도 있었다. 나름대로 극복하려는 전략이 있고, 또 그것이 다양하다는 점이 눈에 띄었다.

그럼 아이들은 어떨 때 집중이 잘 된다고 느낄까? 아이들은 '책이 잘 읽히는 때'가 집중이 잘 되는 때라고 말한다. 그때는 다른 데 신경이 안 쓰이고 이야기에 집중하고, 책에 빠져들게 되고, 그러다 보면 읽는 시간도 빨라진다. 그리고 책을 다 읽었을 때 내용이 잘 기억나고, 내가 그 이야기를 실제로 겪고 있는 것 같이 느껴지고, 책에 나오는 등장인물의 입장에서 생각해 보게 된다. 즉 책을 읽으면서 생각할 때 집중한다고 느끼는 것이다. 이런 과정을 반복하면서 몰입독서가 끝날 때 집중력이 좋아졌다고 말한다.

설문에서 아이들에게 집중력 목표를 어느 정도 달성했는지 물었더니, 많은 아이들이 70~80퍼센트 정도라고 이야기했다. 내 생각보다 훨씬 높아서 놀랐다. 아마도 아이들은 학교나 집에서 책 읽을 때와 비교하니까 그런 것이 아닐까? 그래도 100퍼센트가 아닌 까닭으로 몇몇 아이들은 다음과 같이 썼다.

"집중이 안 될 때 어떻게 하면 책에 집중할 수 있는지 방법을 알았지만, 아직 처음부터 끝까지 집중하지는 못 한다."

"책을 읽으면서 시간을 보내는 것에 조금 익숙해졌지만, 책 읽을 때 더 집중할 수 있도록 연습해야겠다."

"책을 많이 읽으면 지식도 풍부해지고, 집중해서 책을 읽으니까 집중력도 높아질 것이다. 이번에 몰입독서를 하고 나서 수학 공부를 하는데 엄마가 집중력이 좋아졌다고 했다. 예전에는 30분 정도밖에 집중하지 못했는데, 몰입독서를 하고 난 후에 1시간이 넘게 움직이지 않고 집중을 할 수 있었다."

기타 의견으로 "읽을 책을 정할 때 책의 선택 범위가 더 넓어졌고, 지은이가 어떻게 이 책을 썼는지 조금 생각할 수 있다."고 응답한 아이도 있었다.

방학 몰입독서 평가

2022년 1월 21일 (연구소)

1. 이전 집중력 수준	(1 – 약함 2 3 4 5 6 7 8 9 10 – 강함)
	(이유나 근거를 쓰시오)
2. 집중이 잘 된 책과 잘 되지 않은 책	① 집중이 잘 된 책(3~4권)
	② 집중이 잘 되지 않은 책(2~3권)
3. 집중 시간 – 잘 될 때 – 잘 되지 않을때	③ 잘 될 때(해당 시간에 동그라미)
	아침 첫 시간 / 점심 전 / 점심 후 / 듣기 / 듣기 후 / 마지막 시간
	④ 잘 되지 않을 때(해당 시간에 동그라미)
	아침 첫 시간 / 점심 전 / 점심 후 / 듣기 / 듣기 후 / 마지막 시간
4. 집중 – 어떻게 – 왜	⑤ 집중이 잘 되는지 어떻게 아는가?
	⑥ 집중이 잘 되지 않는지 어떻게 아는가?
	⑦ 집중이 잘 되는 혹은 잘 되지 않는 까닭은?
	⑧ 집중이 잘 되지 않을 때 어떻게 노력하나?
5. 달라진 집중력 수준	(1 – 약함 2 3 4 5 6 7 8 9 10 – 강함)
	(이유나 근거를 쓰시오)

몰입독서 참가자2 　부모들의 이야기

부모들은 방학 동안 평소에 부족한 영어나 수학 과목의 보충을 위해 방학 특강을 등록한다. 그래서 아이들은 방학이 더 힘들고 바쁘다고 한다. 그런데 그보다 책읽기를 더 중요하게 보고 몰입독서를 보내는 부모들, 특히 고학년 부모들은 뭔가를 선택하고 뭔가를 허용하거나 포기해야만 했다.

"몰입독서 기간에는 주 4회, 하루 3시간 다니던 수학학원을 쉬었다. 독서를 하고 와서 저녁에는 농구를 하도록 했다."

"하루에 6시간씩 5일 동안 진행되는 몰입독서 프로그램이 아이에게 부담이 되지 않을까 염려하며 슬쩍 운을 떼었다. 평소에 책읽기에 대한 저항이 적었고, 학과 공부를 면제해 준다는 달콤한 조건에 아이는 흔쾌히 참여하겠다고 했다."

몰입독서에 참가하게 하기 위해 허용해 줘야 하는 것도 있다.

"아이가 늘 휴대폰을 손에 놓지 않아 여러 번 망가지고 고쳐주기를 반복했다. 그러다 또 고장이 났고, 이번에는 고쳐주지 않고 알아서 불편을 감수하기로 아이와 약속했다. 그런데 억지로 몰입독서를 시키려니 휴대폰을 고쳐 달라는 요청을 받아들일 수밖에 없었다."

이렇게 해서라도 부모는 뭔가 기대하는 것이 있어 몰입독서에 보내는 것이다. 어떤 마음이었을까? 우선 방학 시간을 잘 보내게 하고 싶다는 마음이 있다.

"방학에 집에서 빈둥대느니 좀 힘들어도 거기 가서 책을 읽는 게 나을 거라고 생각했다."

책을 잘 읽지 않는 아이의 부모는 책을 더 많이 읽고 좋아하게 되기를 기대했다.

"한 시간 넘게 책을 읽은 게 손꼽을 정도인데, 하루 종일 책을 읽어야 한다니 잘 할 수 있을까? 하지만 일단 첫날 한 번이라도 보내보자는 마음이었다."

"늘 독서에 목마름을 느꼈다. 아들이 아닌 내가. 그러던 차에 하루 여섯 시간 독서만 한다니 아들이 아닌 나라도 하고 싶었다. 하지만 몸이 자라면서 늘 뭔가 하기를 귀찮아하는 아이에게 어떻게 이야기할지 고민이었다."

책을 잘 읽는 아이에게는 여유를 주고 싶은 마음에 권유하기도 한다.

"책읽기를 좋아하는 아이지만 바쁜 일정 때문에 늘 짬짬이 읽는 모습을 지켜보면서, 오롯이 책만 읽을 수 있는 환경을 만들어 주고 싶은 마음이 있었다."

또 집중력이나 사고력 등을 더 길렀으면 하는 기대도 있었다.

"아이가 얼마나 오랫동안 집중하면서 책을 읽어낼 수 있을지 그 한계에 대해서 점검도 해보고 싶은 마음이 들었다. 또 읽기에 비해 사고력이 더디게 성장하는 것 같아 이번 몰입독서 기간을 통해 사고력 훈련이 되었으면 하는 바람도 있었다."

"평소에 책읽기를 집중해서 해보면 집중력이 더 좋아지지 않을까 하는 생각을 가지고 있었다."

몰입독서를 보내는 기간에 어떤 일이 일어날까? 방학인데도 아침에 일찍 일어나야 하니, 깨워서 보내는 것부터 쉽지 않았다는 의견이 많았다.

"아이가 늦게 자기 때문에 아침에 일어나는 것을 힘들어 했다. 엄마의 정성이 반이라고 생각해서, 열심히 깨워서 연구소까지 태워다 줬다."

"아침에는 일어나기 힘들어 하는 걸 달래서 깨워야 했고, 또 일어나서 친구들은 축구한다고 징징대는 걸 들어야 했다. 그래도 다행히 안 간다고는 하지 않았다."

그럼 몰입독서에 다니면서 아이들은 부모에게 어떤 이야기를 했을까?

"몰입독서에 아는 아이가 전혀 없어서 분위기가 어땠을지 걱정이었는데 항상 즐겁게 다녔다. 아이와 특별하게 이야기를 나눈 것은 아니지만 느낌으로 알 수 있었다. 집에 와서 앉아 있는 모습이나 집중하는 모습에서 잘 다니고 있음을 확인할 수 있었다."

"혹시 피곤하지는 않은지 아이들의 모습을 관찰하게 된다. 거리가 멀어 걱정이었는데, 오가는 것을 전혀 힘들어하지 않았다. 하루 종일 책을 읽고 왔는데도 전혀 피곤해 보이지 않았다. 오히려 뭔가를 해냈다고 기분이 매우 좋은 상태였다. 기간이 지나면서 집중해서 책을 읽는 것이 힘들다는 말을 하기도 했다. 어떤 날은 얼굴이 붓기도 했다. 아이는 괜찮다고 하는데 지켜보는 부모 입장에서는 마음에 걸렸다."

그럼 몰입독서를 마치고 난 후에 부모들은 어떤 효과가 있다고 생각했을까? 공통적으로 무엇보다 긴 시간 책을 읽어낸 것이 가장 좋았다고 한다.

"아이는 책 한 권을 시간이 날 때마다 조금씩 읽다가 한자리에서 끝까지 쭉 읽으니까 새롭고 감동적이었다고 말했다. 딸아이는 오빠 따라 엉겁결에 시작했지만 마지막 날까지 계속 빠지지 않고 다녔다. 어깨가 좀 올라간 느낌이다. 후반에는 힘들어서 많이 엎드려 있었다고 했지만, 아이가 지금까지 살아오면서 이렇게까지 길게 애써본 적이 있을까? 약간 두꺼운 책도 읽어낼 수 있겠다는 자신감이 붙었다."

"글 양이 어느 정도 되는 책은 며칠, 아니 몇 주씩도 나눠 읽던 아이가 한자리에서 마지막 장까지 읽어내면서 약간의 힘과 용기도 생겼을 것이다."

책 읽는 즐거움을 찾게 된 것도 성과이다.

"몰입독서가 끝나고 난 후에도 아이가 책을 읽고 싶다며 틈틈이 읽는 모습을 보여 주었다. 몰입독서의 효과가 드러난 것이라고 생각한다. 다음에도 아이가 간다고 하면 또 보내고 싶다."

"여러 가지 이유로 수동적인 책읽기를 하던 아이가 몰입독서 경험을 통해 다시 즐겁게 책을 읽는 모습을 보며 뿌듯했다."

그 외에도 각자 처한 상황과 몰입독서에 바라는 기대에 따라 다양한 소회를 밝혔다.

"물론 집에서도 책을 읽을 수 있고, 도서관에 가서 책을 읽을 수도 있을 것이다. 하지만 여럿이 모여 같이 책을 읽고 약간의 활동도

하면서, 단결력과 집중력이 생길 것이라 기대한다. 집중력을 바탕으로 공부하는 힘도 생길 것이다."

"몰입독서에서 아이가 오랜 시간 책에 몰입할 수 있었던 것은 전문가인 교사들의 역할이 큰 것 같다. 지정된 교재 외에 읽고 싶은 책을 아이 수준에 맞게 추천해 주고, 재미없어 하면 바로 바꿔 주는 등 책에 집중할 수 있는 환경을 조성해 주었다. 심지어는 점심과 간식시간에도 집중이 흐트러지지 않게 서서 간식과 점심을 먹도록 유도하는 것 등이 도움이 되었다고 생각한다."

"말은 하지 않아도 어떤 영어 캠프나 비싼 진로 캠프보다도 속 깊은 아이는 내면을 다졌으리라. 몸이 자라는 만큼 생각도 커나가리라 생각한다. 당장 어떤 변화를 기대한 건 아니었다. 아이는 여전히 지금 친구들과 밖에서 노는 중이고, 여전히 스스로 책을 읽고 있지는 않지만, 스스로 다른 아이들과는 조금 다른 특별한 방학을 보냈다는 생각도 있을 것이다."

부모는 아이를 몰입독서에 보내면서 아이의 다른 모습을 보기도 하고, 책읽기의 힘과 효과에 대해서 긍정적인 생각을 하게 되었을 것이다. 그리고 무엇보다 책읽기를 지속적으로 할 수 있는 환경을 만들어주는 것이 중요하다는 생각을 하게 되었다고 한다.

교사와 부모, 연구원의 몰입독서 관찰기록

몰입독서를 준비하고 진행한 교사, 부모들 역시 많은 생각을 하게 될 것이다. 준비할 때도 많은 애를 쓰고, 진행 과정에서 아이들을 관찰하고 책을 읽게 독려하면서 고민의 시간을 갖는다. 힘들기도 하지만 몰입독서 후 변화된 아이들의 모습을 보면서 뿌듯한 마음도 들 것이다. 그리고 다음 몰입독서를 위해 부족한 점과 더 공을 들여야 하는 부분에 대한 분석도 같이 하게 된다.

몰입독서에 참가하거나 직접 진행한 교사, 부모, 연구원이 직접 기록한 관찰기록을 살펴보자.

몰입독서 관찰기록 1 몰입독서 지도 교사

방학을 어떻게 보내는 것이 좋을까? 아이들의 관심을 붙잡아 수동적인 소비자로 시간을 보내게 하는 가상세계의 힘이 너무 세어진 요즘, 소중한 방학 시간이 송두리째 사라져 버리지 않도록 방어막을 둘러주는 곳이 몰입독서 공간이다.

하루 6시간, 월요일부터 금요일까지, 짧게는 일주일 길게는 이주일, 아이들은 보호받은 공간에서 책읽기에 몰입하는 경험을 한다.

열다섯 명 남짓의 아이들은 참 다양한 모습이다. 50분 앉아 있는 것이 너무 답답해 책을 고르는 등의 제스처를 하면서 자주 돌아다니는 아이, 꼼짝 않고 앉아 있는데 페이지가 넘어가지 않는 아이,

책에 금방 빠져들어 자신만의 또 다른 공간을 만든 아이……. 아이들은 다양한 모습을 보여 주지만, 교사는 모여 있는 아이들이 다 참으로 대견하다. 여기 모인 아이들에게 교사가 해줄 수 있는 것은 아이들이 방해받지 않고 책에 빠져들 수 있도록 보호해 주는 것이라는 생각이다.

교사는 아이들의 집중을 방해하는 여러 외부 자극을 최대한 줄여주려고 한다. 환경을 쾌적하게 만들어 주고 오래 앉아 있을 때 힘들지 않게 자세도 가끔 봐준다. 아이들은 잘하는지 못하는지 교사로부터 평가받거나 외부 기준에 맞추기 위한 경쟁을 하지 않는다. 친구가 재미있게 읽은 책은 다음 시간에 자기가 챙겨서 보기도 하고, 서로 어떤 책이 재미있는지 추천해 주기도 한다.

돌아다니는 아이에게는 좀 더 흥미 있게 읽을 만한 책을 골라 준다. 그러면 그 아이는 관심 없는 척 쓱 보고 받아가 자리에 앉기도 하고, 옆에 다른 책을 빼 들고 자리로 돌아가기도 한다. 앉아는 있지만 집중을 못하는 아이에게 읽고 있는 책보다 조금 읽기 쉬운 책을 건네주면 아이는 교사가 멀어졌을 때 그 책을 펼쳐 들기도 한다. 집중을 잘한 아이는 쉬는 시간에 어깨를 살짝 토닥여 준다.

교사는 아이들을 가르치거나 평가하지는 않지만 세심하게 관찰하며 때때로 직관적으로, 실시간으로 반응한다. 아이들이 집중을 잘하는 시간대를 파악해서 그 시간대에는 쉬는 시간을 좀 더 뒤로 미루지만 지치기 전에 끊어준다. 전체적으로 산만해지는 시간대는 쉬는 시간을 좀 앞당기기도 한다. 이처럼 아이들을 평가하지 않지만 관심을 가지고 있다는 것을 표현한다. 교사의 관심을 끌기 위해 눈에 띄는 행동을 하는 아이에게는 반응을 일부러 줄이기도 하고, 눈에 띄지 않는 아이에게는 쉬는 시간이나 간식시간에 교사가 동일한 관심을 가지고 있다는 것을 넌지시 표현한다.

몰입독서는 한 번 참여했던 아이들이 다음 해에 또 참여하는 경우가 많기 때문에 아이들이 해마다 어떻게 바뀌는지도 관찰할 수 있다. 3회 정도 연속으로 참석했던 초등학교 저학년이나 중학년 아이들이 처음 참여했을 때보다 몰입독서 공간을 더 편안하게 받아들이면서 첫날 아침에 적응하기 위해 걸리는 시간이 훨씬 더 줄어들고 바로 책으로 들어가는 모습을 볼 수 있었다. 여기가 뭐 하는 곳인지 알고 있고 누구도 나를 평가하지 않고 안심하고 책만 읽으면 되며, 일정이 어떻게 되는지를 예상할 수 있기 때문에 눈치를 보면서 허비하는 시간이 없다. 책의 위치도 잘 파악하고 있어서 책을 고르고 읽기 시작하는 시간이 훨씬 줄어들었다.

몰입독서를 마치고 돌아가는 아이늘이 환영받았고 노력을 인정받았다는 느낌을 가지고 돌아가도록 해 주는 것이 몰입독서를 진행하는 교사의 역할인 것 같다. 아이들이 수동적으로 방학을 보내지 않고, 친구들과 교사와 함께 애를 써서 책을 읽고 자신의 노력과 끈기를 통해 한 단계 올라갔다는 성취감을 느끼게 하는 것이 교사의 과제이자 보람이다.

몰입독서 관찰기록 2 **몰입독서 참가 부모**

연구소에서 학기 중 몰입독서는 한 달에 두 번 격주로 토요일에 이루어지고, 오전 10시 30분부터 4시까지 5시간(점심 30분 제외) 동안 규칙적으로 책을 읽는다. 공간에 여유가 있으면 참가한 학부모 중 일부가 옆에서 책을 읽고 있다가 쉬는 시간이나 간식 등을 챙겨 준다.

처음 몰입독서에 대해 들은 사람들은 그렇게 긴 시간 동안 책을 읽어야 한다는 것에 대단하다며 놀라거나 부담스러워하며, 아이들이 진짜 그렇게 할 수 있냐는 의아한 반응을 보인다. 하지만 규칙적인 시간표가 있고 그 안에서 자율적으로 책을 선택하고 읽는 활동은 외부에서 보는 것과는 달리 지루하지도 않고 힘들지도 않다.

고학년은 주어진 시간 동안 책을 읽고 저학년은 조교 대학생이 와서 책을 읽어 주고, 글쓰기나 기억하기 등 다양한 활동을 하는 시간도 갖는다. 보통 50분 동안 책을 읽고 10분간 바깥 활동을 하는데 적절하게 신체를 움직이게 하는 바깥 활동은 다시 책에 집중하는 데 도움을 준다. 앉아서 책을 보는 정적인 시간 동안 책에 몰입하는 아이들의 에너지가 느껴져서인지 침체된 분위기는 전혀 느낄 수가 없다. 별다른 활동 없이 독서로만 이루어지는 긴 시간 동안 아이들은 느슨하고 길게 호흡하며 여유를 갖고 책에 다가가는 법을 터득한다. 또 그 시간 동안 아이들은 책에 집중하고, 의문도 갖고, 생각을 확장시키는 다양한 활동을 할 것이다.

몰입독서에서는 다양한 학년의 아이들이 함께 독서를 한다. 또래 친구들, 언니, 오빠, 동생들이 모여서 함께 하는 독서는 의도하지 않아도 서로에게 많은 영향을 준다. 옆자리의 누군가가 몰입해서 책을 읽는 모습은 집중이 잠시 흐트러진 아이를 금세 책으로 돌아오게 해 주는 방어막 같은 역할을 한다. 만약 혼자 도서관에서 책을 읽는다거나 선생님과 둘이 몰입독서를 한다면, 같은 형식으로 진행한다 해도 지루해하고 금방 지칠 것이다. 또 같은 학년만 모여 있으면 금방 분위기가 흐트러지는 경우가 많다. 그렇기에 삼삼오오 다양한 학년의 아이들이 '함께' 모여 책을 읽는 것이 몰입독서의 분위기를 잡아주고, 긴 시간 동안 적절한 긴장을 유지하며 집중이 느슨해지지 않게 해 주는 중요한 요인이라고 생각한다.

몰입독서의 처음 1교시는 분위기가 많이 긴장돼 있고 아이들의 집중도 강한 편이다. 첫 시작이라 그런지 차분하게 책읽기에 들어간다. 2교시 점심시간 전까지는 1교시보다는 약하지만 지치는 기색이 별로 없다. 그리고 점심 먹고 바깥 활동을 가진 뒤 3~4교시는 독서 시간 사이의 간격이 넓어져서인지, 아니면 바깥 활동으로 신체활동이 많아져서인지 아이들의 모습이 산만하고 들떠 있을 때가 많다. 그럴 땐 분위기를 가라앉히기 위해서 아이들의 대화를 끊고 다시 책에 집중할 수 있도록 분위기를 유도해야 한다. 마지막 5교시는 몰입독서 시간표에 익숙한 아이들은 마무리 시간이라는 것을 알아서인지, 여유있게 책을 읽는 모습을 보이고 끝나고 기지개를 쫙 펴는 등 이완된 모습을 보여 주기도 한다.

그동안 내가 참여했던 5년간 몰입독서에도 변화가 있었다.

초반에는 저학년 아이들이 많았고, 그래서 조교 선생님과 같은 방에 들어가는 아이들은 대부분 미취학아동과 1학년들이고 가끔 2학년들이 들어가는 정도였다. 처음에는 2학년부터 고학년까지 같이 어우러져 읽는 분위기였는데, 요즘에는 저학년이 적어지고 고학년이 많아졌다. 그래서 1~2학년 위주로 조교 선생님과 같이 활동하면서 3학년도 가끔 참여하는 등, 예전에 비해 2~3학년들도 어리게 취급받는 것 같다. 아주 어릴 때부터 선행으로 여러 교육을 받는 것에 비하면 자기주도적으로 책을 읽는 학년은 더 늦춰진 것 같다는 생각이 든다. 단순히 아이들의 비율로 인한 건지 전반적인 흐름인 건지 더 살펴봐야할 것 같다. 그리고 같은 학년으로 비교했을 때 남자아이들이 독립적으로 책을 읽는 게 좀 늦는 것 같다.

연구소에 오는 아이들은 대부분 어릴 때부터 몰입독서에 참여해서 고학년은 선배답게 자신만의 호흡을 갖고 몰입독서에 임하는 모습이다. 본인이 책을 선택해서 읽고 시간이 여유롭게 주어지니 마음에 드는 책이 생기면 작가별로 읽기도 하고, 관심 주제별로 읽기도 하며 자신만의 독서 영역을 넓혀 나갈 수 있다. 학년이 올라갈수록 쉬는 시간에 실내에 머물고 싶어하며 안 나가고 책을 더 읽겠다며 타협을 하려고도 한다. 아마도 쉬는 시간 동안 몸을 움직이는 게 귀찮거나 일상에서 쉴 때 편한 자세로 스마트폰을 하는 것이 익숙해서 나가는 걸 거부하는 것일 수 있다. 하지만 강하게 집중을 할 수 있는 시간은 20~30분에 한정되므로, 쉬는 시간에 가벼운 신체활동을 통해 환기를 시켜주고 다시 집중으로 들어가는 과정이 꼭 필요하다.

황금 같은 주말 중 하루를 책과 같이 보내야 하는 활동이기에 아이들은 마냥 신나서 오지는 않을 것이다. 책을 친구처럼 여기며 좋아서 오는 아이들도 있겠지만, 5시간이라는 긴 시간이 넘기 힘든 산처럼 느껴지는 아이도 있을 것이다. 하지만 중간중간 쉬는 시간에 몸을 움직이고 돌아와 책을 읽다 보면 어느새 끝이 나 있다. 먼저 시계를 확인하는 아이들은 없고 끝났다고 알려줘야 일어나는 경우가 대부분이다.

지금은 스마트폰이 우리의 생활 전반을 차지하고 있는 시대이고, 아이들은 어른들이 따라갈 수 없는 속도로 더 빠르게 그 흐름에 적응해간다. 주말은 언제나 유튜브와 게임이 차지하기 일쑤고, 그렇기에 하루를 온전히 독서에 집중할 수 있는 여건을 만들기가 여간 어렵지 않다. 그렇기에 긴 시간 독서에 집중할 수 있는 몰입독서 환경이 너무 소중하고 그 시간을 기꺼이 즐겁게 보내는 아이들이 대견하다.

몰입독서 관찰기록 3 **몰입독서 연구원**

준이는 초등학교 1학년 남자아이다. 4학년인 형을 따라 처음으로 몰입독서에 참여했다. 1학년이라 조금 걱정도 되었지만, '다른 수업에서 함께 책읽기를 해 본 경험이 있으니까 괜찮겠지' 하는 마음도 있었다.

첫날, 준이와 형, 4학년 여자아이와 2학년 여자아이가 한 테이블에 앉았다. 준이는 '만만이 시리즈'를 들었다. 책장을 넘기면서 뭐가 좋은지 흥얼거린다. 같은 테이블 여자아이들의 시선이 자꾸만 흐트러진다. 형은 동생 살피랴, 여자아이들 신경 쓰랴, 책은 붙잡고 있는데 제대로 읽을 수 없겠다는 생각이 들었다. 어떻게 해야 하나 고민이 되는 타이밍이다. 좀 두고 보기로 했다.

'만만이 시리즈' 몇 권을 읽고 준이는 일어서서 왔다 갔다 하기도 하고 책장 앞에서 서성거리기도 한다. 그림책 서가에서 『어린이 세계지도책』을 들고 자리로 가더니 손가락을 짚어가며 소리 내서 읽는다. 지도 속으로 세계 여행을 하는가 보다. 혼자만의 세계에 빠져 있는 모습이다. 여자아이들은 그런 준이가 신경이 쓰이는지 간간이 얼굴을 찌푸리기도 하지만 남자아이들은 별 상관없다는 듯 책을 읽는다.

시간이 길어지니 어린 준이는 아무래도 힘이 드나 보다. 자리에서 일어나 왔다갔다 여기저기를 기웃거린다. 할 수 없이 중학교 3학년 형이랑 안쪽 방에서 책을 읽으라고 보냈다. 엉덩이가 들썩거리기는 했지만 그래도 걱정했던 것보다 잘 적응하는 것 같았다. 다른 아이들은 또 아이들대로 자기들의 분위기를 만들어가는 듯하다.

둘째 날, 준이를 형과 떼어 4학년 남자아이들과 같이 앉게 했다. 그런데 준이가 읽고 싶어 하는 '만만이 시리즈'를 다른 아이들이 읽고 있었다. 준이는 책을 찾아 이 책상 저 책상을 기웃거린다. 준이를 불러 조금 이따가 '만만이 시리즈'를 보기로 하고, 읽고 싶은 그림책을 골라보라고 했다. 앤서니 브라운의 『축구 선수 윌리』를 뽑아온다. 책을 들고 안쪽 방으로 들어갔다. 책을 펴고 같이 보자고 했더니 준이도 얌전히 앉아 함께 본다. 준이가 묻는다.

"그런데 이 낯선 인물은 누구지?"

파이 공장을 지날 때 공을 차고 있던 사람은 '낯선 인물'이라고 표현되어 있지 않다. 뒷장에 '낯선 인물'이라고 나와 있는데 준이는 '낯선 인물'이라고 말한 것이다. 이전에 읽은 걸 다시 읽는 것이리라. "글쎄!"라고 대답하고, 모른 척 계속 읽어 주었다.

몇 쪽을 넘기니 괄호 안에 들어 있는 문장이 있다.

'계단을 하나하나 세면서 (계단은 16개였어요.)'

괄호 안을 읽지 않고 멈추었더니 준이가 읽는다.

'잠옷으로 갈아입고 (언제나 맨 위 단추부터, 늘 4개의 단추를 모두 채웠죠.)……'

그냥 읽어 주기만 할 때보다 같이 읽는 재미도 있나 보다. 다 읽고 나서 금방 읽은 이야기를 혼자 중얼중얼거린다. 해보라고 하지도 않았는데.

다른 책을 골라보자고 했더니 『지각대장 존』을 골라 왔다. 아마 이전에도 많이 읽었던 책인가 보다. '악어가 나온다는 거짓말을 하지 않겠습니다. 또 다시는~' 준이는 속지에 존이 벌로 300번 쓴 내용을 다 읽을 태세다. 페이지를 넘겨 '존 페트릭 노먼 맥헤너시는~' 읽기 시작하자 준이가 '존 페트릭 노먼 맥헤너시는~' 하고 이름을 따라 한다. 이번에도 읽다가 멈춰보았다. '한참 가는데 하수구에서' 하고 멈추면 준이가 '악어 한 마리'라고 말하고, 이렇게 둘이서 주거니 받거니 하면서 또 한 권을 읽었다. 그냥 읽어 주기만 하는 것보다 준이도 더 집중해서 책을 보는 것 같다는 느낌이다.

『만만이는 사고뭉치』 책 뒤에는 '만만이가 밥을 먹으려면 어디로 가야 할까?' 하는 미로 찾기 그림이 있다. 한 쪽을 복사해서 줬더니 금방 길을 찾아낸다. 그러더니 자기 혼자 사다리를 만들고, 다시 길을 쪼개면서 다른 미로를 만들어낸다. 재미있어 한다.

셋째 날, 하루 참여하는 아이들이 와서 자리가 꽉 찼다. 준이도 아이들이 많으니 분위기가 다르게 느껴지나 보다. 조금은 신경을 쓰는 눈치다. 1교시부터 안쪽 방으로 들어가 책을 읽도록 했다. 어제 읽었던 『지각 대장 존』을 다시 읽고, 『제가 잡아먹어도 될까요?』, 『식사준비 됐어요』, 『세 강도』를 권해 주었다. 권해 주는 책을 거부하지 않고 읽는다. 다 읽고 난 후 이전에 읽었던 『어린이 세계지도책』을 찾더니 중얼거리며 읽는다. 『어린이 세계지도책』에는 수도와 주요 도시, 강과 산, 유명한 장소 등이 실려 있다. '호주' 지면을 펴고 있어서 '오스트레일리아'라고 했더니 '아니야, 호주!'라고 말한다. 준이는 지도만 보는 게 아니라 거기에 곁들여진 설명을 읽으며 자기만의 세계 여행을 하는 듯했다. 언젠가 세계 여행을 간다면 준이는 책속에서 읽은 내용들을 떠올리며 즐거워하지 않을까?

『슈렉』도 준이가 골라온 책 중 하나다. 준이는 노래와 주문이 나올 때 즐겁게 흥얼거리며 책장을 넘겼다.

"오치키 포치키, 이치키 피치, 사과잼 롱롱!"

쉬는 시간이면 준이는 형, 누나들과 같이 근처 놀이터에 나가 놀기도 하고, 덥다며 의자를 밟고 올라가 에어컨 밑에서 찬바람을 쐬기도 했다. 조교 형이 따라 가서 살피기는 했지만 준이 형도 동생을 살피는 일에는 함께 하도록 했다. 형은 투덜거리며 동생을 찾으러 나갔다.

준이와 형은 여행으로 3일밖에 참여하지 못해 아쉬움이 남았다. 더 긴 시간을 참여했다면 또 다른 모습을 보여 주었을지도 모르겠다. 그 전 수업에 왔을 때는 말을 걸어도 못 들은 척 외면하던 준이의 손을 잡고 같이 책을 읽을 수 있을 만큼 마음을 열어준 것 같아 다행이라는 생각이 들었다.

몰입독서는 긴 시간 집중해서 책을 읽어야 하기 때문에 어린아이들이 함께 하기에는 좀 힘들지도 모른다. 하지만 어린아이들도 학년이 높은 아이들과 함께 하면서 좀 더 쉽게 책을 읽을 수 있는 기회를 갖게 되는 것 같다. 그런 면에서 몰입독서가 책을 잘 읽는 아이들에게 좋은 기회이기도 하지만, 책을 잘 읽지 못하는 아이들에게 더 필요한 시간이라는 생각이 든다. 또한 조교가 있고, 조교에게 도움을 받을 수 있다면 준이 같은 어린아이들도 함께 할 수 있지 않을까? 1학년이나 2학년 아이들 수가 많아지면 상황이 또 달라지겠지?

준이와 3일 몰입독서를 하면서 어쩌면 좀 더 일찍 긴 시간 몰입해서 책을 읽는 이런 경험이 어린아이들에게는 기초체력을 다지는 일이라는 생각을 했다. 조금 산만해서 책을 읽는 데 좀 힘들었을지도 모르지만 1학년 어린아이도, 함께 했던 다른 아이들도 이런 경험을 통해서 또 조금은 성장하게 되는 것이 아닐까?

몰입독서 기본 교재 예시

● **몰입독서 9차(2019년 1월, 겨울방학)**
  – 주제: 한 작가가 그리는 가족관계는 주로 어떤 모습인가?

• 요일별 교재

요일	작가	초3~5	초6~중2
월	뇌스틀링거 · 린드그렌	프란츠 · 미니 시리즈	오이대왕, 교환학생, 소년 탐정 칼레 1~3, 사자왕 형제의 모험
화	송언 · 김중미	김 배불뚝이의 모험 1~5, 마법사 똥맨	괭이부리말 아이들, 그날 고양이가 내게로 왔다, 모두 깜언
수	하이타니 겐지로 · 차오원쉬엔	우리 가족 시골로 간다 1~5, 딩딩 당당 시리즈	나는 선생님이 좋아요, 태양의 아이, 빨간 기와, 상상의 초가 교실
목	이금이 · 황선미	밤티마을 1~3, 초대받은 아이들, 나쁜 어린이표, 일기 감추는 날	너도 하늘말나리야 1~3, 거기 내가 가면 안 돼요? 푸른 개 장발, 늘 푸른 나의 아버지
금	로알드 달 · 알렉스 쉬어러	멋진 여우씨, 멍청씨 부부, 요술 손가락, 찰리와 초콜릿 공장	마녀를 잡아라, 마틸다, 초콜릿 레볼루션, 푸른 하늘 저편, 통조림을 열지 마세요

* 듣기 교재: 초등 3~4학년 - 밤티마을 1~3, 5~6학년 - 태양의 아이

● **몰입독서 10차(2019년 7~8월, 여름방학)**
  − 주제: 어른(부모·교사 등)의 성격·특징이 대화와 비슷한지 아닌지 살펴본다

• **요일별 교재**

요일	동화 분류	초3~5	초6~중2
월	판타지·마법	삐노끼오의 모험, 수일이와 수일이, 복제인간 윤봉구, 코랄린, 수상한 진흙	13개월 13주 13일 도둑맞은 시간, 지붕 위의 카알손, 크라바트, 끝없는 이야기, 늑대 형제 1~6, 꼬마 백만장자 팀탈러
화	자연·동물	똥개의 복수, 안녕 캐러멜, 마지막 겨울, 샤워하는 올빼미, 올드 울프	마당을 나온 암탉, 샬롯의 거미줄, 스피릿 베어의 기적, 뉴욕에 간 귀뚜라미 체스터, 까보까보슈
수	모험·장애	초콜릿 전쟁(마코토), 칠칠단의 비밀, 욕 시험, 스무고개 탐정, 벤은 나와 조금 달라요	켄즈케 왕국, 소년 탐정 칼레, 할머니는 도둑, 나의 라임오렌지 나무, 위풍당당 질리 홉킨스
목	생활 (친구·형제)	마법사 똥맨, 나쁜 말 팔아요, 휘파람 반장, 월화수목 돈요일, 마코토의 푸른 하늘	뿡보가 세상을 지배한다, 그 여름의 끝, 주니어 브라운의 행성, 울지마 지로, 파울과 파울라, 리바운드
금	생활 (부모·어른)	무너진 교실, 불량한 자전거 여행, 슈퍼 아이돌 오두리, 엄마를 팝니다	호랑이의 눈, 모래밭 아이들, 난 아빠도 있어요, 친구님, 시간의 선물, 란란의 아름다운 날

* 듣기 교재: 초등 3~4학년 − 삐노끼오의 모험, 5~6학년 − 끝없는 이야기

● 몰입독서 11차 (2020년 1월, 겨울방학)
　- 주제: 또래 지향인가? 부모 지향인가? (아이는 누구 영향을 많이 받을까?)

• 요일별 교재

요일	동화 분류	초3~5	초6~중2
월	판타지·마법	백설공주와 마법사 모린, 달기지 살인 사건 1~3, 헌터걸 1~3, 위대한 마법사 오즈 1~2	오르배 섬의 비밀 1~2, 닭다리 달린 집, 떠돌이 왕의 전설, 기억을 잃은 소년, 실수할 자유
화	자연·동물	푸른 사자 와니니 1~2, 어두운 숲속에서 1~5, 열혈 수탉 분투기, 금요일에 만난 개 프라이데이, 우리 개의 안내견을 찾습니다	내 청춘 시속 370km, 그날 고양이가 내게로 왔다, 달려라 모터사이클, 쫓기는 동물들의 생애 1~6, 워터십 다운의 열한 마리 토끼
수	모험·장애	꼬마 바이킹 비케, 스무고개 탐정, 방학 탐구 생활, 뱀파이어 유격수, 여섯 번째 머리카락	홈으로 슬라이딩, 안녕 기요시코, 너를 위한 50마일, 할아버지의 위대한 탈출, 아몬드
목	생활 (친구·형제)	가짜 영웅 나일심, 처음엔 사소했던 일, 머시 수아레스 기아를 바꾸다, 게임 전쟁, 지도를 모으는 소녀 고래를 쫓는 소년	밤을 들려줘, 보이지 않는 적, 누가 내 칫솔에 머리카락 끼웠어?, 소년 세상을 만나다, 괴물이 어때서?
금	생활 (부모·어른)	옛날처럼 살아봤어요, 모양순 할매 쫓아내기, 니 부모 얼굴이 보고 싶다, 정어리 같은 내 인생, 그들이 얌전히 있을 리 없다	몽키맨을 아니?, 오즈의 의류수거함, 아빠처럼 되고 싶지 않아, 열네살의 인턴십, 빵과 장미

* 듣기 교재: 초등 3~4학년 - 환상의 나라 오즈, 5~6학년 - 하늘의 눈동자 1~2

- 몰입독서 12차(2020년 7~8월, 여름방학)
  - 주제: 사건의 연관관계 파악하기

- 요일별 교재

요일	동화 분류	초3~5	초6~중2
월	판타지·마법	내멋대로 공주와 사라진 왕자들, 건방이의 건방진 수련기 1~5, 약탈 기사 로드리고, 가벼운 공주, 공주와 고블린	북풍의 등에서, 페인트, 로봇 하트, 13개월 13주 13일 도둑맞은 시간, 블랙 아웃, 꼬마 백만장자 팀탈러
화	자연·동물	야곱 너는 특별해, 계단 먹는 까마귀, 개구리와 두꺼비(아놀드 로벨), 똥개/애벌레/딱새의 복수, 엘머의 모험 1~3	꽃섬 고양이, 고양이가 내게로 왔다, 스피릿 베어의 기적, 내 청춘 시속 370km, 까칠한 아이
수	운동·모험·장애	축구왕 이채연, 수상한 아빠, 할머니는 도둑, 도토리 사용 설명서, 찰리 시리즈(힐러리 메케이), 소녀 탐정 캠 1~5	아몬드, 아름다운 아이 1~4, 안녕 기요시코, 톰 소여의 모험, 말더듬이 선생님, 문제아
목	생활 (친구·형제)	싸움의 달인, 도미니크 시리즈(알랭 베르즈롱), 미니미니 시리즈, 송언 책	흑룡 전설 용지호, 허구의 삶, 붑랴 소년 날다, 울지마 지로 1~2, 처음엔 사소했던 일, 아무도 들어오지 마세요
금	생활 (부모·어른)	잘못 걸린 선생님, 우리 가족 시골로 간다 1~5, 김 배불뚝이의 모험 1~5, 신고해도 되나요?	나의 슈퍼 히어로 뽑기맨, 나쁜 학생은 없다, 알로하 나의 엄마들, 내가 거기 가면 안 돼요?, 아무도 들어오지 마세요

* 듣기 교재: 초등 2~3학년 - 마디타·리사벳(린드그렌),
  5~6학년 톰 소여의 모험 (시공사) * 듣기 책이라 같은 출판사여야 함.

얇은 책 기억하기·의문갖기

20 년 월 일

책 제목 (글쓴이)	
줄거리 쓰기	
인물 성격과 까닭 쓰기	( )
책 제목 (글쓴이)	
3단계 줄거리 쓰기	① ② ③
줄거리 의문갖기	
친구 답변 쓰기	(/)

두꺼운 책 기억하기·의문갖기

20   년   월   일

책 제목 (저자 / 출판사)		
줄거리 쓰기 (1/3분량, ~ 쪽까지 읽고)	(1)	
	(2)	
	(3)	
위 줄거리에 의문갖기	① ( )	
줄거리 쓰기 (2/3분량, ~ 쪽까지 읽고)	(4)	
	(5)	
	(6)	
위 줄거리에 의문갖기	② ( )	
줄거리 쓰기 (다 읽고, ~ 쪽)	(7)	
	(8)	
	(9)	
등장인물 성격과 까닭 쓰기	③ ( )	
의문갖기 - 줄거리에 - 성격에	④ ( )	
	⑤ ( )	

비소설 기억하기·의문갖기

20 년   월   일

책 제목 (저자 / 출판사)	
중요 내용 요약 또는 발췌	
위 내용에 의문갖기	① ( )
중요 내용 요약 또는 발췌	
위 내용에 의문갖기	② ( )
중요 주장과 근거 쓰기	
위 내용에 의문갖기	③ ( )
위 의문에 답변 쓰기	④ (/) ⑤ (/)
위 답변에 질문만들기	⑥ ( )

친구와 생각 나누기

20 년 월 일 (연구소)

책 제목 – 주/부책 제목	

(의문 없이 자기 생각 쓰기)

___

사 고 전 개	위 생각에 대해 친구 의문갖기 – 밑줄 긋고	① ( ) ② ( )
	위 의문에 대답 쓰기	③ (/ 본인)
	위 대답에 질문 만들기	④ ( )
	위 질문에 의문으로 대답하기	⑤ (본인)

4장

가정, 학교, 도서관으로 확산되다

상황과 조건에 맞는
몰입독서 진행하기

개인이나 개별 모임으로 진행

부모들이 몰입독서의 내용을 이해하고 시도해 보고자 할 때 무엇을 고려해야 할까? 전용공간을 확보하고, 교재도 충분히 구비하고, 선후배가 적절히 섞일 수 있게 참가자를 모집해야 한다.

이때 연구소에서 진행하는 몰입독서 강의도 듣고, 참관도 하고, 도움도 받지만 각자 상황에 맞춰서 준비를 하게 된다. 다른 데서 잘하고 있는 사례를 따라서 하면 될 것 같지만, 막상 해보면 그대로 할 수가 없다. 모임 성격과 구성 인원, 공간이나 교재, 또 운영 등을 고려해서 프로그램을 구성해야 하기 때문이다.

그동안 다양하게 몰입독서를 진행한 사람들의 의견을 정리해보면, 크게 4가지 형태로 나눌 수 있다. 독서 동아리 형태로 자체적으로 진행하는 경우, 개인이 집에서 주변 아이들과 참가자를 모아 진행하는 경우, 공모사업 등을 통해 학교 프로그램으로 진행하는 경우, 공공도서관에서 진행하는 경우이다. 각각 장단점이 있는데, 몰입독서를 진행하는 사람들이 상황에 맞게 차용하고 변형하면 좋을 것이다.

먼저 독서 동아리를 진행하고 있거나, 가까운 사람들끼리 자기 자녀들만을 대상으로 몰입독서를 할 때는 준비할 것이 무척 많다. 모임이나 동아리 성격을 분명히 하고, 역할 분담을 잘 해야 한다. 이때 가장 공을 들여야 하는 것이 장소 마련인데, 도서관을 활용하거나, 집집마다 돌아가면서 하거나, 발품을 팔아 별도의 공간을 빌리거나 해야 한다. 또 장소 선정에 따라 교재를 어떻게 구비할지도 결정하고, 진행과 관찰 등 역할 분담도 필요하다. 그렇지만 큰 장점은 자신들의 성격에 맞게 꾸려나갈 수 있고, 아이들이 성장하는 과정을 함께 하면서 꾸준히 지속할 수 있다는 점이다. 더불어 아이들에게 공동체 경험도 해볼 수 있게 해준다.

개인이 집에서 진행할 때에는 참가하는 아이들의 부모들이나 주변에서 도와주기는 하지만, 주최하는 사람의 책임 부담이 무척 크다. 그래도 책읽기 경험을 나눌 수 있고, 소신 있게 운영할 수 있어 선호하는 사람들이 있다.

이렇게 개별 모임이나 개인 몰입독서는 자신들이 원하는 형태의 몰입독서를 진행할 수 있지만, 공간과 교재 확보, 역할 분담 등에 많은 노력이 필요하다는 점을 염두에 두어야 한다.

학교나 공공도서관에서 진행

학교 프로그램으로 운영하는 경우는 대개 몰입독서를 주관하는 본인이나 지인이 학부모회에 속해 있어서 나서게 된다. 학부모 중에 연구소나 학교의 학부모 강의를 듣고 크게 공감해서 이를 학교 프로그램으로 도입하는 경우도 많다. 다만 학교는 공공기관 성격이 강해, 공모사업 선정 등 자격을 갖추거나 서류를 준비해서 학교의 승인을 받아야 한다. 그래서 그런 것에 적극적이고 요구하는 자료를 어려움 없이 만들어낼 수 있어야 수월하다. 대신 학교라는 공신력을 얻을 수 있고, 교실이나 놀이터를 독점적으로 사용할 수 있고, 학교도서관의 책을 제공받을 수 있다는 게 장점이다.

공공도서관 몰입독서는 도서관에서 관련 강의를 듣거나, 독서동아리에서 도서관 측에 요청해서 진행하게 된다. 도서관은 책 읽는 장소라는 취지에도 부합하고 교재 확보에 있어 최적의 장소이다. 그래서 도서관에서는 방학뿐 아니라 평소에도 몰입독서를 진행하기도 한다. 하지만 불특정 다수가 이용하는 곳이라 몰입독서에 대한 민원이 들어오기도 해서 도서관 측의 적극적인 배려와 홍보가 필요하다.

학교나 공공도서관 등의 공공기관은 공공성이 중요하다는 점에서 공통점이 있다. 그래서 개별 동아리가 학교나 도서관을 활용해서 몰입독서를 진행한다고 해도 그 성격을 강하게 유지하기 힘들 수 있다. 외부 사람들이 참가하는 것을 허용해야 하고, 매번 새로운 사람이 참가해서 어려움을 겪기도 한다.

이런 점을 충분히 고려하고, 각각의 사례에 대한 자세한 설명을 읽고 준비한다면 좋을 것이다.

독서 동아리를 중심으로
진행하는 몰입독서

모임이나 동아리 상황에 맞게

독서 동아리(개별 모임)는 부모들이 서로 역할을 분담하고 문제를 해결해 나가면서 몰입독서를 진행할 수 있다. 덕분에 부모나 아이 모두 주도적으로 책을 읽으면서 공부나 일상에까지 긍정적인 영향을 미칠 수 있다.

저학년 자녀를 둔 독서 동아리는 대체로 아이들이 같은 학교에 다니기 때문에 지역이 멀리 떨어져 있지 않아서 몰입독서 일정을 정하기 쉽다. 또 같은 학년 아이들 숫자가 많고 형이나 언니, 동생들이 위 아래로 분포되어 있는 경우가 많다. 그래서 중심에 있는 아이들은 또래가 많아 어울려 놀고, 형이나 언니들이 읽은 책 중에서 재미있는 책을 따라 읽으면서 신나게 참여하게 된다. 장소 선정이나 책 준비가 만만치 않지만 아이들이 새로운 책을 요구하거나 책을 추천하면서 읽는 모습을 보면 부모는 오히려 즐거울 것이다.

또한 평가를 최소화하는 것이 좋다고 하니까 부담이 덜하다. 또 그렇게 해야만 아이들이 책을 즐겁게, 집중해서 읽을 수 있다고 하니까 그렇게 읽는 아이들을 보면서 가르치지 못한다는 미안함이 아니라 가르치지 않는다는 새로운 방법에 안심할 수 있다.

동아리 중심의 몰입독서는 관심 있는 누군가의 주도로 시작하게 되지만, 진행과정에서 생기는 여러 문제들을 구성원들 각각이 가지는 다양한 능력으로 헤쳐 나갈 수 있다. 아이들을 잘 이해하고 어울리는 부모가 있고, 간식을 맛있게 만드는 부모가 있는가 하면, 사진을 잘 찍는 사람, 계획을 체계적으로 잘 짜는 사람, 새로운 아이디어로 모임을 활기차게 만드는 사람이 있어서 난관마다 함께 해결하면서 잘 준비해 나갈 수 있다. 한 독서 동아리의 후기를 보면 머리를 맞대고 준비하는 부모들의 노력이 그대로 드러난다.

"1교시부터 5교시까지 매 시간표를 직접 짜고, 읽을 책 목록, 엄마들이 읽어 주는 책 목록, 듣는 책 목록, 하다못해 방마다 자리 배치까지도 모두 엄마들의 아이디어로 이루어졌다. 하루 일정이 끝나면 반드시 1시간 이상씩 과정 정리를 해서 그날의 부족한 점을 그 다음 날 보완했다. 누가 보면 아이들 책 읽는 데 뭐 저렇게까지 하나 싶을 정도의 이글대는 열정으로 몰입독서를 만들어 갔다."

이런 노력과 협력을 바탕으로 몰입독서를 진행하면서 더 끈끈한 관계가 되고, 아이들뿐만 아니라 부모들에게도 활력을 주는 모임으로 성장하게 된다. 더 나아가서 앞으로의 방향도 함께 모색하게 된다. 아이들이 초등 고학년이나 중학생이 되면서 공부나 성적에 대한 부담이 커지기도 하고, 몰입독서를 지속해 나가기 위한 동력도 필요하기 때문이다. 그래서 부모들끼리 다른 강의도 듣고, 새로운 소모임도 만들고, 같이 글을 쓰자며 서로 지지하기도 한다.

   광교 팀은 시 필사 모임, 낭독 모임, 독서 모임 등 여러 가지 소그룹 모임을 만들었다. 한 참여자의 후기를 보면, "나는 그 원동력이 무엇일지 생각해 보곤 한다. 자신의 아이가 잘 되었으면 하는 마음도 있었겠지만 이곳에서 엄마도 성장하고 있다는 자기만족 때문이 아니었을까? 우리 팀의 몰입독서나 캠프는 스키마 연구소에서 진행하는 것이 아니라 직접 10명의 엄마들이 머리를 맞대고 만들어 낸 활동들이었다."라는 소감을 피력한다. 처음부터 엄마들이 주도했기 때문에 다양한 시도를 할 수 있는 역량이 만들어진 것이다. 또한 문제들을 소통하고 협력하는 부모들의 모습을 보여 주면 아이들도 옆에서 보고, 배울 수 있을 것이다.

공동체 활동을 경험하는 모임

   요즘 학교에서는 협력보다 경쟁이 강조되고 있어 공부할 때나 시험을 준비할 때 친구들과 서로 도움을 주고받는 일은 거의 없어졌다. 아이나 부모는 공부는 혼자 하는 것이라고, 책도 혼자 보는 것이라고 생각한다. 같이 놀 수 있어도 공부는 혼자

한다는 것이다.

　이런 현실에서 같은 시간에, 같은 공간에서, 같은 책을 읽고, 같이 먹고, 같이 노는 것은 공동체 활동을 경험할 수 있는 좋은 기회이다. 몰입독서를 일반 가정에서 하게 되면 거실뿐 아니라 방까지 공개해야 하니 공동체 성격이 아니면 쉽지 않을 것이다. 하지만 아이들은 몰입독서를 친구네 집에 가는 것으로 생각하고 즐거워하고 반대로 자기 집에 친구들이 오는 것도 좋아한다. 몰입독서를 진행하면 공동체 아이들의 끈끈함이 배가 된다.

　한 엄마는 아이와 도서관에서 책 읽을 때와 비교하면서 "엄마가 조급해질 때마다 누르고 있던 짜증이 올라와 분위기를 무겁게 만들었다. 아이는 아이대로 학교를 마치고 바로 도서관에 앉아 있는 것이 싫었던 것 같다. 엄마는 책읽기가 가장 쉬운 공부 방법이라고 하지만 어쩌면 아이에게는 고문이었을지도 모르겠다."고 반성한다. 그런데 몰입독서에 참여하면서 책 읽는 모습이 달라졌다고 한다. 친구들도 하기 때문에 자신도 참고 버티려는 마음이 자연스레 생기고, 규칙적인 시간표는 늘어지고 놀고 싶어지던 마음 자세를 잡아준다. 책을 읽는 특별한 친구들의 모임이기 때문에 아이들도 마음속으로 받아들이는 것이다. 특히 친구들과 재미있는 부분을 얘기하고 공유하는 것은 책읽기의 재미를 더해준다.

　또한 간식이나 놀이도 자녀들의 식성과 선호를 고려하고 좋은 음식을 준비하려고 애쓴다. 놀이 시간이나 프로그램도 믿을 만한 부모들이 지켜보고 있다고 생각하니 안전을 확보할 수 있어 다양하게 마련한다. 성남에서 진행한 몰입독서에서는 첫날 스케이트장, 둘째·셋째 날 도서관 놀이터, 넷째 날 방방놀이 후 저녁 식사를 했다고 한다. 광교 몰입독서에 참여한 학부모는 "테라스에 풀장을 만들어서 신나는 물놀이를 했고, 아이들의 만족도가 최고였다. 끝나고 난 후, 제대로 노는 것 또한 중요하다는 생각이 들었다."고 했다. 또 전체 몰입독서가 끝나고 한 번 신나게 놀게 하기 위해 파자마 파티를 했다고 한다. 단지 신나게 노는 것만은 아닐 것이다. 아이들은 몰입독서가 힘든 데도 참아낸 것에 대한 보상이라고, 즉 스스로 노력해서 얻은 결과라고 생각하지 않을까?

요즘은 가족 단위로 생활하면서 엄마나 아빠, 또는 형, 언니나 동생 등 고정된 역할로 인해 새로운 관계를 맺기 어려워한다. 학교 역시 주로 또래끼리 경쟁하는 구조이고 선후배 역할을 배우기는 힘들다. 그런데 몰입독서에서는 느슨한 공동체 형태로 형, 언니가 동생이 되기도 하고, 동생이 더 어린 친구의 형, 언니가 되고, 또 자기 부모가 아닌 다른 부모의 모습을 보면서 다양한 성향이나 관계 등을 엿볼 수 있게 된다. 예전에 마을공동체에서 또는 친인척 사이에서 자연스럽게 익혔던 것을 여기 아이들은 몰입독서에 참여하면서 배우는 것이다.

공간 마련을 위해

개별 모임에서는 공간 마련을 위해 여러 집이 돌아가면서 하는 방법을 우선 떠올릴 수가 있다. 평소 아이들끼리 집에서 잘 어울려 놀고 부모들도 왕래를 한 경우라면 그리 어렵지 않을 것이다. 하지만 각자 사정이 달라서 곤란한 경우도 있을 테고, 책도 많이 준비해야 하고, 아이들에게도 노는 게 아니라 집중해서 책을 읽는다는 것을 잘 이해시켜야 한다.

주변에 비용을 지불하고 빌리는 개별 공간이 있다면 그곳을 활용할 수도 있다. 하지만 이런 장소는 독서에 적합한 책상이나 의자가 있어야 하고, 책도 놓을 수 있어야 하고, 집중할 수 있는 분위기를 마련해야 하니 신경 쓸 일이 많을 것이다. 인원이 많다면 지속적으로 이용할 수 있는 안정적인 공간을 찾아보는 것이 좋다.

몰입독서를 하는 모임의 인원이 10명이 넘지 않는다면 도서관을 선택해 볼 만하다. 초기에 책 준비나 차분한 분위기 조성이 어려운 모임은 가까운 도서관을 이용하는 것이 좋다. 장소를 따로 물색할 필요도 없고, 4~6명 정도가 앉을 수 있는 구석진 곳도 쉽게 찾을 수 있다. 무엇보다 책이 많아서 긴 시간 읽을 책을 미리 준비해 둬야 하는 수고를 덜 수 있다. 또 집이라면 모임의 친한 사람들만 있기 때문에 집중이 흐트러지면 되돌리기 어려운데, 도서관은 다른 이용자가 함께 있기 때문에 집중이 크게 흔들릴 우려가 없다.

하지만 진행하면서 해결해야 할 여러 변수도 있다. 방학에는 추위나 더위를 피해 도서관으로 온 다른 이용자들이 많기 때문에 장시간 자리 확보에 문제가 생긴다. 또 이용자들이 말을 걸어 집중이 흐트러지는 경우도 있다. 게다가 책이 많다는 점이 단점이 되기도 한다. 요즘 도서관은 어린이열람실에서 학습만화를 보는 아이들이 절반 이상이다. 다른 이용자가 학습만화를 보고 있으면 아이들도 만화를 보고 싶어 할 것이고 성향에 따라 과학 잡지나 비문학 도서를 보겠다고 고집을 부리는 등 지도의 어려움도 있다. 또 미취학 아이들이나 저학년 아이들이 스스로 책읽기에 집중하지 못하면 분리된 공간에서 책을 읽어 주어야 하는데, 도서관에서는 그런 공간을 찾기 어렵다.

분당 독서모임에서도 처음 시작할 때 고민이 많았다. 동사무소 빈 회의실을 빌리거나 작은 도서관 활용을 모색했지만, 책을 공급하는 문제로 결국 큰 도서관의 문학열람실에서 하게 되었다. 이때 어린이 이용이 제한되는 문제로 사서를 설득해야 했다.

"책을 읽는 미래 세대를 만들어야 하지 않겠냐. 진정한 독서가를 만들기 위해서 책 속에 빠질 환경이 필요한데 어린이열람실은 너무 시끄러워서 집중하기가 어렵다. 엄마들이 충분히 보살필 테니 4일간만 몰입독서를 할 수 있도록 도와 달라."

모임 대표는 이렇게 강하게 이야기를 했다고 한다. 설명을 들은 사서들은 좋은 취지라며, 몰입독서를 할 수 있도록 배려해 주었다. 그런데 이용객이 많은 여름이나 중·고등학생 시험 기간이 되면 다시 이곳저곳 자리를 찾아 흩어지기도 했다.

분당 독서모임이 성남시평생학습관에서 몰입독서를 진행하는 모습. 아이들이 일반 이용객과 함께 섞여 책을 읽고 있다.

이렇게 각자 형편에 맞게 장소를 마련하는데, 이마저 상황이 바뀌면 또 찾아야 하는 것이 어려운 점이다. 정답은 없다. 당시 상황에서 최선의 장소를 찾아 한계에 맞게 몰입독서를 꾸릴 수밖에 없다. 물론 더 좋은 장소가 있는지도 끊임없이 모색해야 한다.

교재를 확보하기 위해 여기저기로

몰입독서를 진행하려면 아이들에게 제공해줄 책이 많이 필요하다. 딱 정해진 책만 읽는 게 아니기 때문에 읽다가 바꿔줄 다른 책도 있어야 한다. 또 잘 읽는 아이들을 위해 기본 교재와 관련된 책을 더 많이 준비해야 한다. 저학년을 위해, 또 지칠 때를 대비해 그림책이나 얇은 책도 많이 준비해야 한다.

도서관이 아닌 경우는 각 가정에 있는 책을 가져오거나, 중고책을 구입하거나, 부모들이 전부 나서서 도서관에서 대출을 하기도 한다. 가족들의 도서 대출증을 활용해 1인당 15~20권을 빌리는 등의 방법도 쓰게 된다. 또 아이들이 책 읽는 모습을 관찰해서 아이들이 좋아하는 책은 계속 비치하고, 잘 찾지 않는 책은 반납 후 새로운 책들로 채워줘야 한다. 그러다 보니 몰입독서를 하는 날에는 각자 책으로 가득 채운 트렁크를 끌고 오는 풍경이 펼쳐진다.

책 준비는 힘들지만 각자 가지고 온 책을 서로 나눠 읽으니, 그동안 알지 못했던 책을 새롭게 접할 수 있어서 좋다. 동생들은 언니,

오빠가 읽는 책에 관심을 가지면서 수준도 높일 수 있다.

한편 몰입독서를 길게 이어가려면, 책에 대한 연구가 엄마들의 큰 과제이다. 한두 사람이 맡아서 목록을 만들어 주기도 어렵고, 추천도서만으로는 공동체가 추구하는 방향과 맞지 않을 수도 있다. 장기적으로는 좋은 책을 고르는 안목을 키울 필요가 있다. 그래서 엄마들이 모여서 동화를 읽거나, 아이들이 커감에 따라 청소년 소설 읽기 모임으로 이어지기도 한다. 결국 부모의 독서력을 키우게 되는 장점도 있다. 그럼 개별 모임으로 시작해 지속적으로 몰입독서를 진행해 가고 있는 제주 모임의 사례를 살펴보자.

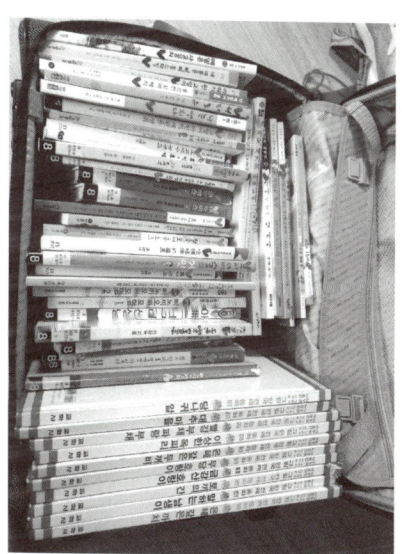

몰입독서에 참가한 부모들이 직접 확보한 교재들. 중고책을 구입하거나 도서관에서 대출하는 방법으로 많은 교재를 확보했다.

> **사례** 품앗이 몰입독서에서 시작해 협동조합까지

'품앗이 몰입독서'라는 이름으로 제주 기적의도서관에서 처음 몰입독서를 시작했다. '품앗이 몰입독서'는 부모와 아이가 함께 읽는 프로그램으로, 하루 4시간씩 5일 동안 20시간을 진행했다.

신청자들 대부분이 4시간 책읽기를 낯설어 했다. 제일 먼저 "토론은 안 하냐, 독후감은 안 쓰냐?", "어른들도 꼭 같이 책을 읽어야 하느냐?", "중간에 학원에 가야 하는데 먼저 나가도 되느냐?" 등등 질문을 했다. 그래서인지 처음에는 15명이 신청했지만, 최종적으로는 어른 2명, 아이 4명이 참가했다.

다행히 참가자가 책을 읽을 시간이 없었는데 이렇게 여럿이 같이 모여서 읽는 경험이 너무 좋았다는 평가를 도서관 홈페이지에 올려줘서 겨울방학에 다시 몰입독서를 할 기회를 얻었다.

도서관에서 스키마언어교육연구소 소장님의 강의를 먼저 진행하고 신청자 중 강의를 들은 학부모 우선으로 참가 기회를 배려했다. 그리고 고1, 중2 여학생을 중심으로 자원 활동가를 2개 그룹을 만들고, 그들에게 교사의 보조 역할을 맡기기로 했다.

하지만 도서관 이용에 대한 민원이 제기되면서 기간을 축소하면 좋겠다는 요청이 들어왔다. 6시간은 너무 길다면서 4시간으로 줄이고 기간도 3일씩 2회에 나누어서 하자고 했다. 그렇게라도 공공도서관에서 몰입해서 책을 읽는 기쁨을 나눌 수 있다면 좋겠다고 수락했으나, 담당 사서와 관장이 다른 곳으로 발령이 나면서 이마저도 무산되고 말았다.

결국 공공도서관에서의 한계라고 해야 할지, 담당 공무원이나 사서 등이 바뀌면서 프로그램도 변동되고, 프로그램에 대한 이해를 결과물로 평가한다면 몰입독서가 공공도서관에서 설 자리는 묘연해 보였다.

그러다 비영리임의단체를 설립하게 되었다. 비영리임의단체로 공모사업에 선정되고, 공모사업의 일환으로 스키마 강좌를 고급과정까지 유치할 수 있는 재정이 마련되었다. 20명이 신청해 16명의 학부모들과 함께 스키마독서지도의 고급과정까지 마쳤다.

2019년 7명의 연구원이 탄생했다. 몰입독서를 하기 위한 가장 큰 토대가 마련된 것이다. 그러다 보니 가정집을 전전하거나, 카페

2021년 제주 모임에서 가림막을 하고 몰입독서를 하는 모습

를 빌리거나, 도서관을 빌리는 것만으로는 진행이 어렵게 되었다. 인원이 많아지면서 역할을 분담하는 것은 좋은데, 연구원 자녀들이 모두 참석하게 되니 그만큼 넓은 공간을 확보하기가 쉽지 않았던 것이다.

자녀 중심으로 하던 몰입독서를 더 확장해보고 싶은 열망이 올라오면서 안정적인 시설을 찾게 되었다. 그러자면 우리만의 공간이 필요하겠다는 의견이 모아졌다. 많은 의견이 오가다 협동조합을 만들었다. 그리고 제주시청 인근에 40평 남짓의 공간을 임대했다.

코로나19 수칙을 지키면서 2021년 첫 몰입독서를 협동조합 사무실에서 진행했다. 책상에 아크릴 가림막을 하고 20명씩 2회 차에 나누어 4시간 동안 진행했다.

이번 몰입독서를 진행하는 과정에서 맞벌이 부모들이 방학 동안 안심하고 아이들을 보내서 책을 읽게 하는 환경에 대한 장점이 크게 부각되었다. 맞벌이 비율이 높은 제주에서는 학교의 방학이 부모들에게는 반갑지 않은 실정이다. 게다가 코로나로 타인들과 어울릴 수 기회가 줄어든 상황에서, '몰입독서'가 안전하고 질 높은 경험을 할 수 있는 기회라는 인식을 하게 된 것이다.

현재는 몰입독서분과를 만들어 '생활 몰입독서'를 계획 중이다. 격주로 일요일 4시간 정도 모여서 자유롭게 책을 읽는 방식이다. 이때는 방학 동안 하는 몰입독서보다 훨씬 더 자유로운 형태를 취하려고 한다. 중간 쉬는 시간은 정하되 바닥에 앉는 것부터 협동조합에 있는 책을 자신이 선택해서 마음대로 읽을 수 있게 하려 한다.

〈예시〉

서울시 마을공동체 사업제안서(강남 지역의 학부모, 2016년 8월 시행)

- 모이게 된 계기와 제안배경

대표 제안자 중 한 명이 1년 전 자곡동에 입주하게 되었다. 나머지 2명은 3년 전 세곡동에 입주했다. 3명은 같은 동네에 거주하며 같은 초등학교 학부모이기도 하다. 그동안 서로 얼굴만 알고 지냈을 뿐 약간 서먹서먹한 관계였다. 서로 조금 더 알아가고 싶은 마음이 있었는데 서로 취미가 같음을 발견했다. 이참에 독서 모임을 꾸리면 좋겠다고 생각만 하고 있었다. 그러던 중 이웃만들기 사업을 우연히 알게 되었다. 이왕이면 한 마을에 살고 있는 다른 사람들도 초대해 함께 하는 것이 좋겠다는 생각이 들었다. 함께 독서모임을 하면서 사귀고 싶은 마음으로 이번 이웃 만들기 사업을 제안하게 되었다.

- 세부사업별 운영계획(세부사업은 최대 3개까지 가능)

세부사업명	실행일정	사업내용 및 추진방법
필수사업 집합컨설팅	2016년 7월	자치구별로 진행하는 집합컨설팅 내용 기재
세부사업1 강좌	2016년 7월 ~ 2016년 7월	1. 슬로독서는 아이들 학습능력에 어떻게 도움이 되나? (7월 6일 수요일 학교 문화관) 2. 새로운 책읽기를 통한 마을 내 학부모독서모임 만들기 모색 (7월 12일 화요일 학교 학부모실: 독서모임 관심자)
세부사업2 어른 독서 모임	2016년 7월 ~ 2016년 9월	첫 모임 : 3인 이상 　　(7월 19일 화요일 2시간 강의 + 점심) 두 번째 모임 : 3인이 각자 1명씩 초대 총 6명 이상 　　(8월 23일 화요일) 세 번째 모임 : 3인이 또 1명씩 초대 총 9명 이상 　　(9월 7일 화요일)

		장소 : 학교 학부모실 확보함. 가정통신문과 홍보문 만들어 아파트 단지 내 부착, 참여자 적극 발굴, 초기 단계라 최대 10명으로 제한을 둠. 도서 조달은 각자 읽고 싶은 책을 알아서 구해오기
세부사업3 어른+아이 독서 모임	2016년 8월 16일 ~ 8월 18일	아이와 함께 책읽기, 3일간 각 3시간 　　10시반 ~ 12시(90분 읽기) 　　12시 ~ 1시(점심 + 놀이) 　　1시 ~ 2시반(90분 읽기) 　　이후 간식과 놀이(학부모평가) 장소 : 학교 학부모실, 아이 10명으로 제한, 　　도서는 학교 도서관 지원 받거나 　　강남구립도서관 지원 알아볼 예정임.

● 기대하는 점

사업을 통해 기대하는 지역 및 공동체의 변화

독서모임 만들기를 통해 같은 취미의 동네 사람들을 초대하여 교류할 수 있을 것이다. 한 동네 사람들의 자녀들과 함께 책읽기를 하면서 자연스럽게 내 집 아이만이 아니라 마을에 사는 아이들에게도 관심을 갖게 될 것이다. 짧은 시간 안에 새롭게 조성되는 동네인 관계로 서로 서먹하다. 다들 이사 온 지 얼마 되지 않아 서로 낯선 느낌이 짙은데 그 느낌이 어느 정도 줄어들 것이다. 취미를 같이 하는 동네 사람들과 그 집 아이들까지 사귀니 동네에 정을 붙이고 살 마음이 생길 것이다. 커다란 아파트를 나 혼자 지키고 있다는 느낌이 문득 사라지고, 옆집 사람과 소통하고 있는 느낌이 들어 마을살이가 조금씩 즐거워 질 것이다.

개인이 집에서 진행하는 몰입독서

책읽기의 경험을 나누는 실천

독서에 대한 중요성을 크게 느끼고, 주변 사람들과 함께 책읽기를 하려는 사람은 자신의 집에서 혼자 몰입독서를 꾸리기도 한다. 가까운 사람들이나 작은 공동체에서 전폭적인 신뢰를 받는 사람이라야 가능할 것이다. 게다가 그동안 독서 동아리를 꾸리거나 도서관 봉사활동, 독서수입, 책 읽어 주기 등을 오래 했다면 진문성을 인정받을 것이다.

이런 사람들은 대개 책을 좋아하고 자신의 자녀들에게도 책을 많이 읽혀서 책을 많이 구비하고 있다. 그래도 상당히 많은 양의 책이 있어야 하고, 그것도 다양한 학년의 아이들이 읽을 만한 책이 있어야 한다. 그래서 필요에 따라서는 도서관에서 빌려오거나 구입해야 하고, 자녀가 다 컸다면 신간 도서에도 관심을 갖고 준비해야 한다. 그 점이 좀 부담이 되기도 할 것이다.

지금 진행 중인 사례 중 한 사람은 독서 수업을 오랫동안 해서 책이 많았고, 다른 사람은 자녀가 초·중등 시절 독서수업을 받을 때 책을 대부분 구입했고 이를 버리지 않았기에 가능했다고 한다.

한편 자신의 집을 공개하고 경우에 따라서는 거실뿐 아니라 방까지 활용해야 하니 가족의 공간을 열어주는 것에 동의를 얻어야 한다. 아파트라면 주변 사람들에게 피해가 가지 않도록 신경을 쓸 필요가 있다. 아울러 참여하는 아이들에 대해 파악해 책을 권해 주고 맞는 활동을 제시하기 위해서는 지속적으로 고민하고 노력해야 한다.

혼자, 또는 여럿이

혼자서 진행하는 몰입독서의 가장 큰 장점은 자신의 생각대로 소신 있게 진행할 수 있고, 융통성을 발휘해 글쓰기 등 다른 프로그램을 시도해 볼 수 있다는 점이다.

아이의 능력에 따라 읽는 시간과 쉬는 시간의 비율을 조정하기도 하고, 아이가 힘들어 하는 경우에는 빈방에서 재우기도 하고, 오랜 시간 의자에 앉아 책 읽는 것을 힘들어하는 아이들에게는 누워서 책을 읽게 하거나, 바닥에 앉아 읽게 하는 등 아이가 집중할 수 있는 자세를 찾아 자유롭게 할 수 있도록 한다. 날씨 좋은 봄날에는 근처 산이나 저수지 등을 찾아 야외에서 몰입독서를 진행한 적도 있다고 한다.

이런 소규모 진행에는 아이들이 지속적으로 오랫동안 참여할 수 있기 때문에 숙련된 독서가가 생기기 시작한다. 처음에는 연구소의 일정에 따라 50분 읽고 10분 쉬는 형태로 진행하지만 매년 지속적으로 참여하는 아이들이 늘면, 그 아이들은 쉬는 시간 구분 없이 계속 책을 읽기도 한다. 저학년과 고학년의 시간 구성을 달리하거나, 개별 의견을 수용하면서 소규모 몰입독서의 장점을 살릴 수 있다.

아이들의 읽기 능력에 따라서 교재나 독후활동을 다양하게 해 볼 수도 있다. 처음에는 연구소 기본 교재를 참고하지만 아이들의 수준을 보면서 바꾸는 경우가 많다. 한 연구원은 자신의 관심사에 따라 옛이야기나 그림책 중심으로 교재를 준비했다. 그리고 진행하면서 글이 많은 동화 읽기에 흥미를 갖지 못하거나 읽기능력이 떨어지는 아이들에게는 『땡땡의 모험』 시리즈, 『아스테릭스』 시리즈, 『눙곳』, 『서유기』, 『도토리의 집』, 『진짜 친구』, 『단짝 친구』와 같은 만화책 읽는 것도 허용하기도 한다.

중학생들은 학교 독후감 숙제를 3차에 걸쳐 수정하며 써보기도 하고, 독서수업을 하지 않은 아이들에게는 가끔 수업의 형태로 줄거리 쓰기, 의문 갖기 등을 활동지를 만들어 진행하기도 한다. 특히 몰입독서를 꾸준히 한 아이들은 독서 능력이 올라가서 독후활동이 필요한 경우가 생기는데, 이런 아이들은 교사가 다양한 형태의 독

- **'어린이책과 함께' 겨울 몰입독서 3차(2019년 2월)**
    - 주제 : 옛이야기와 신화 읽기
    - 일정 : 2월 11일부터 15일까지 9시 ~ 2시 (5시간)
    - 장소 : 강남구 일원동 가람아파트 ○동 ○호 (유자일 회원)
    - 대상자 : 초등 2학년부터 대학생까지 (선착순 15명)

- 교재 (예시)

요일	초등 저·중학년	초등 중·고학년	회원·학부모	점심	비고
월	- 보리 옛이야기 보따리 - 한겨레 옛이야기 - 다시 쓰는 우리 신화 - 상상박물관의 세계전래동화 - 옛이야기 그림책	- 상상박물관의세계전래동화	- 동화의 정체 - 살아있는 한국 신화 - 세계신화 여행 - 신데렐라 천년의 여행	주먹밥	
화		- 한겨레 옛이야기 - 창비 한국전래동화집 - 들풀들이 들려주는 위대한 백성이야기 - 그림동화 완역본 - 옛이야기 그림책		토스트	
수				궁중 떡볶이	
목				카레	
금				돈까스	

(회원·학부모 : 각자 준비하시기 바랍니다)

- 회원활동 : 책읽어주기 / 점심 품앗이 / 놀이터 회원 동행
- 하루 일정
    - 9:00 ~ 11:00 개별 듣기 / 읽기
    - 11:00 ~ 12:00 점심 / 함께 놀기 / 읽기
    - 12:00 ~ 2:00 개별 듣기 / 읽기
- 독서 활동
    - 읽은 책 기록하기
    - 저학년 간단한 활동지 쓰기 / 고학년 독후감 한 편 쓰기

연구원들이 각 가정에서 소규모로 몰입독서를 진행하는 모습. 개인의 집에서 몰입독서를 진행하면 아이들의 성향과 능력에 따라 다양한 방식으로 변형이 가능하다.

후활동을 시도해도 잘 따라온다.

물론 혼자 진행하더라도 가족의 지지나 주변 사람들의 도움이 필요하다. 그래서 가족들을 잘 이해시키고, 가까운 사람들에게 적극적으로 도움을 구하려는 노력을 해야 한다.

한 연구원의 경우 친구 독서교사의 도움으로 독후감 쓰기를 진행했다. 오래 참여한 아이 6명을 대상으로 2020년 10~11월 5회에 걸쳐 매회 2시간씩 독후감 쓰기를 지도했다. 스키마 독서수업 형태로 독후감 1차 쓰기부터 시작해 4차 수정 과정을 거쳐 완성된 6편의 독후감을 연구소에서 발행하는 『반딧불이 53호』에 실었다. 그동안 꾸준히 몰입독서를 해온 아이들에게 자신들의 생각을 마음껏 글로 표현하는 소중한 경험이 되었다.

또 동아리 회원이나 뜻을 같이 하는 남편, 대학생이 된 아이가 협조한다면 읽어 주기, 간식이나 식사 준비, 쉬는 시간 놀이 등에서 큰 도움이 된다. 대학생 자녀는 아이들이 대학생을 롤 모델로 여기거나 친근하게 받아들이기 때문에 조교 역할을 톡톡히 할 수 있다.

몰입독서를 혼자 진행하면 아이들 책읽기에 집중해야 하니 그 외의 것까지 잘 챙기기가 쉽지 않다. 그래서 참여하는 아이들의 부모가 돌아가며 간식이나 점심식사를 준비해 주면 좋다. 또 참여 아이들도 준비나 뒷정리를 같이 하는 등 상황에 따라 도움을 받는 것도 좋은 방법이다.

공모사업을 통해
학교에서 진행하는 몰입독서

학교의 공신력을 확보하다

학교나 도서관에서 몰입독서를 진행할 수 있다면 부모들이 덜 부담스러울 것이다. 프로그램이 낯설다고 해도 공공기관에서 진행하는 것이라 인정받은 독서 방법으로 받아들여지기 때문이다. 그래서 강의할 때 몰입독서가 왜 필요한지, 무슨 효과가 있는지는 짧게 설명하고 어떻게 진행할 것인지에 초점을 맞추게 된다.

학교에서 진행하는 활동은 당연히 교장의 승인을 받아야 한다. 교장이 부모들과 친화력이 좋다고 해도 학교는 관료적이라 행정적인 일처리가 필요하다. 그래서 몰입독서의 취지와 방식에 크게 공감한 부모 중 이런 일처리를 수월하게 하는 사람이 앞장서서 설명해야 할 것이다.

또 학교는 방과 후 프로그램 외의 학교 밖 다른 방식은 잘 받아들이지 않아서, 학교 내 몰입독서는 대부분 공모사업이란 과정을 거쳐서 진행된다. 교육청에서 학부모회 또는 학부모동아리 활동을 지원하는 사업에 참여하는 것인데, 여기에 선정되면 학교에서 많은 배려를 해 주기에 진행하기 편하다. 노원 상계초등학교나 도봉 창원초등학교, 안양 삼봉초등학교는 모두 그런 과정을 거쳐서 몰입독서를 진행했다.

일반적으로 몰입독서는 무척 낯설기 때문에 많은 학부모들이 호기심을 보여도 쉽게 참여하지 못한다. 이 활동이 효과적인지 믿기가 어렵기 때문이다. 책만 읽게 한다는 점에서 참여하고 싶지만, 시간이 너무 길고 독후활동을 하지 않고, 소설만 읽는다고 하면 망설이는 것이다. 사고력이나 문해력 향상을 어떻게 확보할 것이냐, 고전이나 비소설을 읽으면 안 되느냐고 묻는 부모들이 많았다.

그런데 몰입독서를 학교에서 진행할 때는 신청 인원이 너무 많아 감당하기 힘들 정도이다. 그만큼 학교 프로그램은 신뢰를 자동적으로 확보할 수 있다.

동아리 중심으로 진행할 때는 공간에 따라 배치를 어떻게 하고, 교재 등 준비를 어떻게 하면 좋을지 고민하면서 무슨 책을 읽고 어떻게 지도할 것인지 주로 협의하게 된다. 이에 비해 학교에서 추진할 때는 공간이나 교재, 그리고 프로그램보다 진행 절차에 주의를 기울이게 된다. 즉 공간이나 교재는 충분하다고 보고, 공모사업에 선정된 것 자체가 프로그램의 신뢰를 뜻하는 것이므로 이제는 절

초등학교에서 몰입독서 프로그램에 참가한 아이들에게 발급한 인증서

차상의 공공성 등에 초점을 맞추는 것이다. 상계초등학교의 경우, 공모사업에 선정되고 학부모 임원들이 정기적으로 모여 이런 방향으로 회의를 했다. 이후 4회에 걸쳐 학부모 연수를 실시하고, 그 자녀들을 대상으로 몰입독서 신청을 받아서 진행했다.

학교에서는 학교장의 직인을 찍은 인증서를 발급해 주었다. 연구소에서는 사단법인 슬로독서문화 이름으로 인증서를 발급하는데 학교장 이름으로 받으면 아이들도 훨씬 뿌듯해 하고 부모들도 좋아했다.

학교 공간을 활용할 수 있다

학교 몰입독서 프로그램의 최대 장점은 학교의 후원을 충분히 받을 수 있다는 점이다. 무엇보다 교실과 놀이터를 활용하고 학교 도서관의 책을 이용할 수 있다. 교실은 아이들에게 익숙한 곳이고, 특히 책상과 의자를 자유롭게 이동할 수 있으므로 공간을 최대로 활용할 수 있어서 좋다.

교실 칠판에 아이들과 학부모들이 지켜야 할 규칙과 약속들을 정해 적어두고, 기록지나 학부모들의 역할(학생 독서지도, 간식 및 식사 담당)에 이르기까지 꼼꼼하게 챙기기 수월하다.

교실이 특히 좋은 것은 책상을 아이 특성에 맞게 배치할 수 있다는 점이다. 예를 들어 저학년 3~4명 책상에 고학년 1명 책상을 붙이기도 하고, 아이들이 떠들면 책상을 떨어뜨려 놓을 수도 있다. 또 다른 교실에서는 부모들이 협의도 하고, 휴식도 취하고, 부모들도 책을 마음껏 읽을 수 있다. 또 듣기 시간에 공간을 둘로 나눠서 책을 읽어줄 수 있다.

학교에서는 학교 도서관의 책을 일괄적으로 대출하게 하거나 도서관에 가서 갖고 오는 것도 가능하므로 집중이 떨어지거나 변화가 필요할 때 도서관을 활용할 수 있다. 교실을 빌려주지 않고 학교 도서관에서 진행할 때에도 도서관 한쪽을 전용 공간으로 구분하고 별도의 서가를 준비해서 몰입독서 교재를 비치할 수도 있다.

도봉구 창원초등학교에서는 교실 2개를 사용할 수 있도록 허가

창원초등학교에서 몰입독서를 진행하는 모습. 몰입독서에 필요한 교재는 학교 도서관에서 일괄적으로 대출할 수 있었다.

상계초등학교에서 몰입독서를 진행하는 모습. 아이들은 바닥에 앉거나 누워서 책을 읽기도 했다. 몰입독서 교재는 학교 도서관에서 별도의 책장을 마련해 주었다.

해 주고, 도서관에서 권장 도서를 일괄 대출해 주었다. 노원 상계초등학교에서도 도서관에서 권장 도서들을 대출할 수 있도록 했다. 또 몰입독서에 참여하지 않는 일반 학생들의 도서관 이용에 최대한 방해를 주지 않고, 학부모들이 몰입독서에 필요한 책을 옮기기 쉽도록 도서관과 가까운 3학년 교실을 빌려주었다.

또한 학교에서는 쉬는 시간에 운동장에 있는 놀이터에 가서 놀기 때문에 아이들이 주저하지 않고 밖에 나가고 부모들도 걱정하지 않을 수 있다. 특히 저학년들은 뛰어나가 마음껏 놀 수 있어서 좋아한다.

지속적인 프로그램으로 정착하기 위해서는

학교는 공공성을 중요하게 생각하는 편이라 소수만 하는 활동보다는 다수가 참여하는 활동을 권장하고 또 그렇게 하기를 요구한다. 그래서 학교에서는 신청자를 최대한 많이 받으려고 한다. 또 일부는 책만 읽는 것인데 참여자를 많이 받아도 가능하다고 생각한다. 그래서 동아리로 진행할 때보다 참여 아이들이 훨씬 많다.

하지만 모집 대상 인원보다 신청자가 더 많으면 어느 기준으로 선별해야 할지 고민이다. 어쩔 수 없이 선착순으로 하면 저학년이 많이 모이기 때문에 저학년 몇 명, 고학년 몇 명 선착순으로 구분해서 받는다. 만약 그 전에 부모 대상 강의를 한다면 강의를 들은 부모의 자녀 우선이라고 단서를 달기도 한다. 그래서 직장에 다니는 부모의 항의를 받기도 하지만 그렇게 하는 이유는 부모의 지원이 많이 필요하기 때문이다.

이렇게 힘들게 선별해도 방학 때 진행하기 때문에 방학 프로그램 중 하나로 생각하고 또 1회성으로 참여하려고 한다. 그래서 참여 학생의 변동이 크다. 연구소나 동아리의 경우는 장기간 참여하는 아이들이라 비슷한 흐름으로 따라오는 데 비해, 새롭게 참여하는 학생들이 많으면 그때마다 새로 시작하는 것처럼 대응해야 해서 진행하는 부모들이 더 힘들어 한다.

게다가 무엇보다도 몇 년간 계속 진행하기 어려운 이유는 학부모회의 간부나 교장이 바뀐다는 점이다. 소수의 아이들이 반복해서 참여한다고 판단하면 공공성이 없다는 점에서, 그리고 뚜렷한 결과물이 없다는 점에서 새로운 단체장을 설득하는 것은 더 힘들다.

몰입독서가 지속적인 프로그램으로 정착하기 위해서는 학부모회에 독서, 또는 몰입독서 분과 같은 모임이 있어야 할 것이다. 그래서 학부모회 임원이 바뀌고 학교 책임자가 바뀌더라도 그 모임을 통해 진행 노하우나 결과물을 축적해 나간다. 그러면 독서를 원하는 아이들에게 적절한 환경을 제공하는 학교로 알려지게 되어 지속적인 프로그램으로 정착할 수 있을 것이다.

그럼 학부모회가 공모사업을 통해 몰입독서를 진행한 과정을 상계초등학교 사례로 살펴보자.

> **사례** 학부모회의 몰입독서 공모사업

학부모회가 구성되고 1~2주가 지난 시점인 3월 말 '교육청 지원 학부모회 공모사업'을 신청해야 한다는 회장님의 다급한 회의 소집에 학부모회 임원들이 모여 각자 의견을 냈다. 총무인 나는 큰딸이 작년에 참여했던 몰입독서 캠프가 떠올랐다. '항상 꿈꿔오던 이상적인 책읽기 모임을 가까운 곳에서 마음 맞는 엄마들과 함께 품앗이로 진행하면 얼마나 좋을까'라는 생각으로 제안을 했다. 다른 임원 엄마들도 좋다고 하여 만장일치로 '몰입독서'로 공모사업 신청서를 내게 되었다. 짧은 기간 내에 급하게 낸 제안서라 큰 기대를 하지 않았지만 공모사업에 선정되었고, 무려 200만 원의 사업 운영비까지 지원받게 되었다.

그때부터 학부모회 임원들은 정기적으로 모여 회의를 하며 사업계획서와 예산서 등을 수차례 수정하고, 연수에도 참여하며 공모사업에 대한 준비를 꾸준히 진행했다. 그리고 전체 학부모 중 몰입독서에 관심 있는 신청 학부모들을 대상으로, 6월 말부터 7월 중순까지 4주에 걸쳐 일주일에 1번씩 학부모 연수를 실시했다. 몰입독서 연수의 내용은 전반적인 아이들의 독서지도에 지침이 되는 내용과 몰입독서 운영과 관련된 구체적인 방법에 대한 것이었다.

그중 4회의 연수를 빠지지 않고 참석한 학부모들의 자녀를 대상으로 몰입독서 대상자를 선정하기로 했다. 대상자는 총 40명 정도로 추려졌고, 효율적인 운영을 위해 한 주에 20명씩, 2주간 진행하기로 결정했다.

연수뿐만 아니라 준비 과정에 대한 구체적인 조언에 이르기까지, 스키마언어교육연구소 소장님과 연구원들의 적극적인 지원과 지도가 몰입독서를 준비하는 학부모 임원들에게 큰 힘이 되었다.

〈예시〉

교육청 신청 학부모 공모사업 제안서(안양 지역의 학부모, 2018년)

동아리 활동 계획

- 사업목적
    - 몰입독서를 통해 함께 하는 독서문화를 만드는 데 기여하고자 함
    - 학부모 교육을 통해 자녀 교육과 학부모의 역량 향상

- 주요사업내용

세부사업명	활동 내용	비고
학부모 교육	학부모 역량 강화 위한 학부모 몰입독서교육(연 3회) - 몰입독서의 개념과 실천 방안	
몰입독서 실천단 활동(자원봉사)	방학을 이용하여 학부모 교육 기부 - 몰입독서 교육을 받은 학부모가 학생 몰입독서 활동 지원	
학부모 동아리 활동	학부모 독서동아리 활동 확대 - 월 1회, 학생 동아리와 함께 하는 독서모임 진행 - 매월 주제를 정해 함께 책을 읽고 독후활동 진행 (인권, 평화, 성평등 등의 주제 독서)	

학생 동아리 활동	학교 어린이 대상(전교생)으로 학부모 동아리와 함께 월 1회 독서모임 진행 연 2회 행사 진행 (책 축제 참가, 도서관 견학)
몰입독서 활동	방학 중 몰입독서(연 1회) 독후활동 – 나만의 이야기책 만들기
평가간담회	방학 중 진행된 몰입독서 활동에 대한 평가 및 향후 계획 마련

● 몰입독서 활동 (세부 계획 중 일부)

- 소개 : 몰입독서는 시간과 장소를 정해 여러 사람이 함께 책을 읽는 공동체 독서 프로그램
- 목적 : 선후배가 함께 도서관처럼 책으로 둘러싸인 공간에서 하루 4~6시간 동안 책을 읽으면서 몰입의 기쁨을 느끼며, 집중력, 기억력, 사고력 등 독서능력이 향상되는 성취감을 맛보게 함
- 일시 : 8월 방학 중 월요일부터 금요일까지 1주일간 진행
- 시간 : 오전 10시부터 오후 3시까지
- 장소 : 학교 도서관
- 하루 활동 계획

1교시	10:00 ~ 10:50	학년별 교재 읽기
2교시	11:00 ~ 11:50	학년별 교재 읽기
간식	11:50 ~ 12:10	간식 먹기
3교시	12:10 ~ 13:00	책 읽어주기 또는 활동지
4교시	13:10 ~ 14:00	자유 독서
5교시	14:10 ~ 15:00	그림책 읽기

- **기대효과**

    - 몰입독서를 통해 아이들의 독서능력을 향상시키고, 함께 하는 독서문화를 만들고자 함
    - 학부모 교육을 통해 자녀 교육과 학부모의 역량을 향상시켜 학교, 학부모, 학생 모두가 함께하는 행복 교육을 실현하고자 함
    - 학교 구성원들과 함께 몰입독서 프로그램을 진행함으로써 동아리의 인지도를 높이고 활동 영역을 확대하고자 함

공공도서관 프로그램으로 진행하는 몰입독서

몰입독서를 시도하는 공공도서관

몰입독서는 책을 읽는 것이니까 당연히 도서관에서 진행하는 것이 쉽다고 생각할 것이다. 우리도 도서관 프로그램으로 자리 잡으면 좋겠다고 생각했다. 그래서 아는 사서나 도서관장에게 몰입독서 프로그램을 설명했지만 이미 진행하는 프로그램이 너무 많고, 기존 프로그램과 성격이 다르고, 시간이 겹치는 경우가 많아 도서관에서 추진하기가 생각만큼 쉽지 않았다.

그래도 몇몇 도서관에서는 강의 기회를 주고 학부모들의 반응을 보자고 했다. 하지만 몰입독서를 진행하려면 동아리를 구성하고 학부모들이 나서야 한다고 말하면 다들 주저했다. 아이들 독서에 관심이 많은 사람들도 성격 탓인지, 주변에 가깝게 아는 사람이 없어서인지, 앞장서서 주도할 사람을 찾기는 힘들었다.

개울건강도서관에서 2021년 하반기 독서문화 프로그램으로 몰입독서를 진행하는 모습

푸른들청소년도서관에서 몰입독서를 진행하는 모습

이때 관장이나 사서가 나서거나 방향을 잡아준다면 일이 쉽게 풀린다. 서초구립어린이도서관의 경우는 관장님이 몰입독서에 대한 믿음이 커서 일정을 잡고 강의를 하고 동아리 이전에 부모 모임을 갖은 뒤 몰입독서를 진행할 수 있었다.

개울건강도서관의 경우 양천구에서 독서동아리를 적극 지원하고, 사서가 몰입독서를 긍정적으로 수용했기 때문에 동아리 구성에 시간이 많이 걸렸음에도 기다려줬다. 여기서는 최소 5명 이상, 15명 이하로 독서 동아리 구성을 신청하면 주 1회, 3시간까지 시설이나 공간을 지원해 주고, 또 지원금도 주었다. 개울 모임이 길게 유지된 이유 중 하나가 지원금이었다. 동아리 회원 자녀 중심으로 진행하고 외부 인원을 받지 않고 있어, 부모들이 역할을 분담해서 일을 처리하기에 부담은 적은 편이다. 이렇게 동아리 성격을 갖고 있어 코로나19로 도서관이 문을 닫아도 각자 집에서 영상으로 진행할 수 있었을 것이다.

강서구 푸른들청소년도서관은 사서가 주관해서 방학 특강 프로그램으로 진행하고 있다. 동아리 구성이 약한 편이라 부모들의 역할이 미미했다. 연구원 한 명이 지도하고 있지만 1명이 교사 역할을 다 맡아 하기에는 벅차다고 한다. 그럼에도 신청자가 늘 초과 상태라 1회 이후에는 시작 전에 교육을 들은 학부모들 자녀로 신청수를 제한하여 참여하게 했다.

관장이나 사서가 먼저 몰입독서 내용을 알고 강의를 진행할 수도 있지만, 자원봉사자인 부모가 도서관에 강의를 요청하고 수강자의 반응을 보면서 한 단계씩 진행한 경우도 많다. 이를테면 특강을 1~2회 하고, 4~6회의 강의를 유료로 진행한다. 강의가 끝난 다음에 같이 모여 논의하면서 한두 명의 리더를 세워 동아리 형태로 몰입독서를 준비하게 한다.

이렇게 도서관을 통해 진행하는 몰입독서는 방학 프로그램으로 진행하기 좋다. 공적 성격을 갖고 있어 신뢰성도 있고, 단체의 지원을 받을 수 있어 좋다. 그렇지만 단점도 있다. 장소의 한계와 다른 프로그램과의 충돌, 단체장의 변화, 참여 학생들이 바뀌는 게 몰입독서를 장기간 지속하는 데 제약이 되기도 한다.

그래도 도서관은 독서를 위한 공간이라는 기본 취지가 있어 몰입독서에 가장 부합하는 기관이다. 부모들도 그런 점을 강조해서 도서관에 적극 요구하면 좋다. 부모들이 나서서 독서 동아리로 공공기관에 등록하는 것도 한 방법이다. 도서관이나 구청 등에서 동아리 지원을 하는 경우가 많다. 여기에 아이들과 함께 몰입독서를 하는 형태로 동아리 지원을 해서 선정이 되면 공공기관을 이용하는 것이 한결 수월할 것이다.

도서관의 가장 큰 장점은 수월한 교재 구비

도서관 협조를 받으면 기본적으로 도서 확보가 수월하다. 물론 도서관에는 만화나 잡지 등 우리가 교재로 사용하지 않는 책이 많은 편이다. 그래서 저학년이 많은 경우 필요한 교재만 따로 모아두는 별도의 책장이 있어야 하는데 대부분의 사서들이 배려를 해준다. 혹시 구분할 수 있는 공간이 있으면 그곳으로 필요한 교재들만 추려서 옮기게 해 주기도 한다. 주변에 다른 사람들이 책을 읽고 있으니 신경이 쓰이는데도 그런 배려를 해 주면 고마울 따름이다.

물론 아이들에 따라 부모 말을 듣지 않고 쉬는 시간에 다른 책장에 가서 만화나 유행하는 책을 읽는 경우도 있다. 하지만 10여 명의 아이들이 한쪽 구석에서 독서대를 펼치고 집중해서 책을 읽는 모습은 다른 이용자들에게 신선함과 감탄을 자아내게 하고, 아이들 역시 이런 시선을 느끼기 때문에 차츰 저항하지 않고 따로 준비한 책장에서 책을 찾고 필요하면 다른 책을 구해달라고 요구하게 된다.

푸른들청소년도서관에서는 3층의 독립된 넓은 공간의 한쪽에 도서를 배치하여 자율적으로 도서를 선택할 수 있게 배려해 줬다. 책은 도서관 측에서 몰입독서 권장도서를 일괄 대축할 수 있도록 했고, 듣기를 할 때에는 저학년 아이들을 지하의 별도 공간으로 이동시켜 그림책을 읽어 주었다.

창원모임은 도서관에서 진행할 때 도서관 책상 옆 창가 쪽으로 권장도서 목록을 따로 비치해 놓을 수 있게 해주었다. 또 듣기 공간으로 유아방을 사용하게 해줘서 몇몇 아이들이 읽기 힘들어할 때 그 방에 들어가 읽어주게 했다.

서초어린이도서관은 마침 책을 구입할 시점이라 연구소에 기본

삼봉초등학교 도서관에서 몰입독서를 진행하는 모습

도서목록을 요청하고 도서관에 없는 책을 구입해 주기도 했다. 또 동아리 방이 하나밖에 없지만 프로그램이 겹치지 않는 요일이나 시간에는 그곳에서 간식이나 점심도 먹게 해 주고, 발표 등을 할 수 있는 공간으로 활용할 수 있게 했다.

안양 삼봉도서관에서도 책은 열람실 한쪽에서 읽게 하고 간식은 다른 빈 방에서 먹을 수 있도록 배려해 주었다. 개울건강도서관은 별도의 방에 기본 도서를 따로 추려 비치해서 그곳에서 스스로 선택할 수 있게 했고, 그림책은 그때마다 밖에서 조달해서 안에 비치했다.

도서관 이용자에 대한 배려가 필요하다

많은 도서관 프로그램이 몇 회로 한정해서 진행하는 것이 많고, 장기간 지속되는 경우에도 일주일에 한 번 2시간씩 운영하는 것이 대부분이다. 이에 달리 몰입독서는 방학 때는 4~6시간 매일 집중적으로 진행하기에 다른 프로그램과 시간이 겹치는 경우가 많다.

더구나 별도의 방이 없이 열람실에서, 아니면 한쪽 구석에서 읽는다고 해도 많은 인원이 같은 시간에 휴식을 취하러 이동하기 때문에 다른 사람에게 방해가 되기도 한다. 이동하지 않아도 10여 명의 아이들이 독서대를 세우고 집중해서 몇 시간 동안 읽는 모습은 다른 어른들 눈에 주목받기 쉽다. 몰입독서에 참여하는 아이들이 놀이터에 갈 때 자리로 와서 무슨 책을 읽는지 확인하는 부모도 있었다.

더 문제는 민원을 제기하는 경우이다. 창원 모임이 도서관에서 창가 자리를 차지했는데, 10분 쉴 때 단체로 놀이터에 나가는 바람에 소란스러웠고, 이 때문인지 다른 아이들이 떠들어도 몰입독서 팀이 떠드는 것으로 오해를 받았다.

분당 모임에서도 여름철에 에어컨 가까운 자리를 차지하고 쉬는 시간에 여러 명이 나가는 바람에 민원이 발생하고 결국 도서관에서 나오게 되었다. 사서들은 아이들이 책 읽는 모습에 흐뭇했겠지만 어른 이용자들의 불만을 무시하기 어려웠을 것이다.

서초어린이도서관의 경우 도서관 3층 한켠에서 몰입독서가 진행되었는데, 나머지 공간은 일반인들이 이용해서 이용자가 많은 여름방학 기간에는 자리다툼이 있었다. 관할구청으로 민원이 들어가서 실사가 나오고, 다른 공공장소에서도 이런 활동을 진행한 경험이 있는지 입증하라고 해서 다른 곳에서 진행한 기록과 사진을 첨부해서 문제를 해결했다고 한다.

이처럼 몰입독서 활동이 다른 사람에게 방해가 되기도 하지만, 반대로 집중해서 읽어야 하는 참가 아이들도 다른 사람에 크게 영향을 받지 않을까 우려가 되었다. 하지만 다행히 아이들은 집중에 큰 영향을 받지 않는 듯하다. 이는 몰입독서의 장점이 드러나는 지점이라 몰입독서를 지속하는 원동력이 되기도 한다.

구립서초어린이도서관 몰입독서 진행 내용

분류	내 용
	• 주제 : 차별에서 배려로 • 일정 / 시간 : 1월 4일(월) ~ 15일(금), 　　　　　　　매일 6시간, 오전 10시 ~ 오후 4시 30분 • 대상자 : 초등 2학년부터 6학년까지 • 지도 : 고학년 – 김혜경 연구원, 저학년 – 이호연 연구원 • 장소 : 구립서초어린이도서관(서초구 서초2동)
수업 방식	
고학년	기억력 – 줄거리 발표, 양식쓰기 사고력 – 양식쓰기 독해력 – 짧은 독후감 쓰기
저학년	기억력 – 줄거리 발표, 1쪽 쓰기 사고력 – 양식쓰기
수업 방향	
고학년	• 매일 2권 이상 읽는다. 　(4시간 읽기, 1시간 듣기, 30분 발표하기, 30분 쓰기) • 수준 / 학년에 따라 교재를 바꿀 수 있다. • 독서 수준에 따라 수업 목표의 비중을 달리한다.
저학년	• 점점 두꺼운 책을 읽는다. • 수준 / 학년에 따라 교재를 바꿀 수 있다. • 독서 수준에 따라 수업 목표의 비중을 달리한다. • 듣기를 통해 읽기의 다른 형태를 경험하게 한다.

	결과 – 교재 읽은 양
고학년	• 초6 고급반 기준 (2주 교재 28권) * 림(초4) : 교재 5권+17권 더 읽음(교재 1권 다 못 읽음, 1주 참가) * 준(초5) : 교재 21권+28권 더 읽음(교재 2권 다 못 읽음) * 하(초6) : 교재 17권+16권 더 읽음(교재 1권 다 못 읽음) * 민(초6) : 교재 18권+6권 더 읽음(교재 2권 다 못 읽음) * 한(초6) : 교재 15권+13권 더 읽음(교재 5권 다 못 읽음) * 훈(초6) : 교재 9권+12권 더 읽음(교재 1권 다 못 읽음, 3권 두 번 읽음)
저학년	교재가 두껍다 해도 100쪽 이내로 빨리 읽어내기에 읽은 권수를 정확하게 체크하지는 못했다. 평소 자신이 읽었던 경험에 비해 많이 읽고 두꺼운 책을 읽었기에 만족해했고 반복해서 읽는 것도 자세히 읽기 위함이라 말하면 잘 따라준다. 그림책을 제외하고 동화책을 하루에 최소 7권 이상은 읽은 것 같다.
	결과 – 독후활동
고학년	양식지와 줄공책을 몇 번 써보고 선택하게 했는데 수업 경험이 없는 아이들은 정해진 양식을, 경험이 있는 아이들은 줄 공책을 선호하였다. 쓰다 보면 30분 이상 늘어지는 경우도 있었는데 20분 이내 끝낼 수 있도록 시간 관리가 더 필요하다.
저학년	양식지를 처음 경험했기에 방법을 몰라 헤매고 쓰는 것에 막연한 두려움 때문인지 버티는 경우가 있었다. 작성했다 해도 기대에 미흡해 오히려 기억을 점검하는 글쓰기를 1쪽 이상 요구하는 식으로 변형했다.

학교 독서시간의
새로운 시도

독후활동보다 독서활동에 집중하다

학교는 아이들의 독서교육이 이루어지는 중요한 장소이다. 책을 중요하게 생각하고 아이들에게 독서를 강조하는데, 문제는 읽기 자체를 가르치거나 읽을 수 있는 환경을 마련해 주지는 않는다는 것이다. 그보다는 독서록 쓰기를 시키거나 읽은 권수에 따른 독서 인증제나 독서마라톤, 독서퀴즈, 독후감 대회 등 결과 중심의 프로그램을 제시하는 형태다. 이런 방식은 아이들에게 독서를 과제나 하기 싫은 일로 여기게 만들어서 학년이 올라갈수록 독서에서 멀어지게 된다.

이런 어려운 상황에서도 교사들은 아이들의 독서에 대해 고민하고, 적극적인 교사는 다양한 방식으로 아이들이 독서에 관심을 갖게 하고 아이들의 문해력을 높이기 위한 시도를 하고 있다. 스키마

중원초등학교 학급에서 몰입독서를 진행하는 모습. 몰입독서와 독서 수업에 필요한 교재를 구입하여 따로 학급문고를 만들어 놓았다.

언어교육연구소의 몰입독서를 접하고 자신의 학급에서 시도하는 초등학교 교사도 있다.

서울우면초등학교 6학년 한 학급에서는 2015년 3월부터 2016년 2월까지 다양한 방법으로 학급 아이들과 교실에서 책읽기를 시도했다. 1학기에는 독후감 쓰기를 주로 했는데, 2학기에는 독후활동이 아닌 독서 활동에 집중하기로 하고 1인 100일 100권 책읽기를 시작했다. 교사는 독서목록을 작성하여 50권을 교실에 비치하고 창의체험 시간과 아침 시간, 국어 시간을 최대한 활용해 독서 시간을 마련해 주었다. 100권을 채운 아이는 없었지만, 평균 50일, 18권 정도를 읽었다.

책읽기를 시작할 때 10분간 소리 내서 읽도록 했는데, 아이들이 책에 집중하는 데 도움이 되었다고 한다. 또 한 공간에서 같은 책을 읽었기 때문에 공감대가 형성되고, 서로 책을 추천해 주기도 하면서 독서 분위기가 좋아졌다.

서울 중원초등학교 5학년 한 학급에서는 '한 학기 한 권 읽기 수업'과 연계하여, 2018년 4월부터 12월까지 격주 목요일마다 2시간씩 몰입독서를 진행했다. '한 학기 한 권 읽기 수업'을 위해서는 책을 미리 읽어야 하므로 교육과정을 재구성하여 몰입독서를 통해 집중해서 읽는 시간을 확보했다. 이 시간을 통해 학생들은 수업에 사용할 책(『불량한 자전거 여행』, 『푸른 사자 와니니』 등)을 읽을 수 있었고, 정해진 책을 다 읽은 후에는 학급문고에 미리 비치해 놓은 책을 읽었다. 교실에서는 자유롭게 원하는 자리에 앉아 책을 읽었다. 떠들거나 돌아다니지 않을까 하는 처음의 우려와는 달리, 처음에만 책을 가지러 가느라 분주했고 그 후에는 신기하게도 책에 빠져들었다고 한다. 학교에서 한 교사가 준비하고 진행했던 '교실 속 몰입독서' 이야기를 살펴보자.

> **사례** 교실 속 몰입독서 진행하기

몰입독서에서 가장 중요한 것 중 하나가 아이들이 푹 빠져 읽을 수 있는 책을 준비하는 일이다. 아이들마다 읽기 수준이나 취향이 다르기에 '우리 반 책장'을 마련해 분량도 얇은 책에서 두꺼운 책까지 다양하게 준비하고, 한 권 읽으면 다음 편도 읽고 싶도록 『건방이의 건방진 수련기』나 『헌터걸』과 같은 시리즈를 구비해 놓는다. 앞부분에 인물이나 배경 설명이 길어서 지루함을 느끼는 아이들을 위해서는 사건이 바로 시작하는 로알드 달의 『멋진 여우씨』, 『아북거 아북거』, 『창문닭이 삼총사』 등의 책을 모아 두었다. 그 옆에는 그림책과 그래픽 노블, 만화, 시집도 함께 놓았다. 아이들은 여기서 원하는 책을 골라 읽는다.

수업에서 몰입독서를 하기 위해서는 교육과정 재구성이 필요하다. 마침 4학년 1학기 국어 교과서에는 '독서' 단원이 있어 '읽기'는 '읽기'로 배우기에 '독서 단원에서 실제로 책을 읽는 일이야말로 가장 중요하지 않을까?'라는 생각에 '몰입독서'를 국어 시간에 넣었다.

일 시 2021년 3월 4일 목요일 오전 9시부터 10시 20분
장 소 4학년 3반 교실
참가자 우리 반 19명의 학생
준비물 '우리 반 책장'에서 고른 책

교실에서 띄엄띄엄 앉아 몰입독서를 하는 동안 교사는 아이들을 관찰한다. 보통 첫 10분은 긴장을 해서인지 아이들이 자리에 가만히 앉아 있다. 20분 정도가 지나면 짧은 글의 책을 골랐던 아이들은 책장으로 가서 책을 바꿔 오고, 화장실에 간다고 손을 드는 아이가 보인다. 책읽기를 지루해하는 아이는 옆 친구들을 슬쩍 쳐다보거나, 허공을 봤다가 연습장에 낙서를 한다.

몰입독서에서 교사의 가장 중요한 역할은 잔소리를 하지 않는 거다. 친구와 떠드는 아이에게 "조용히 하세요." 돌아다니는 아이에게 "자리에 앉으세요."라는 지시나 "다 읽었니?" "무슨 내용이야?" 식의 평가나 확인을 하지 않아야 한다. 교사가 그 말을 하는 순간, 아이들의 집중이 흐트러지고 말을 거는 아이에게 관심이 쏠리기 때문이다. 단지 책을 읽는 행위에 집중할 수 있도록 시간과 환경을 마련하고 믿고 지지하고 기다려주는 것이 교사의 일이다.

아이들이 고른 책을 보며 그 아이의 취향과 요즘 관심사, 읽기의 수준을 혼자 짐작한다. 읽기가 어려워서 자꾸 똑같은 장면만 보는 아이를 보며 '오디오북을 들으면서 책을 읽게 할까?' 고민하고, 맘에 드는 책이 없다며 투덜거리는 모습을 보고는 '다음에는 다른 책

을 갖다 두어야겠다' 생각하거나 책을 고르는 장소가 좁아 보이면 책장 위치를 바꿔보고, 의자에 꼼짝없이 앉아 있느라 불편해 보이는 아이를 보며 '교실 한쪽에 부드러운 러그를 깔아 앉아서 편히 읽게 해볼까?' 이런저런 생각을 한다. 그리고 다시 책에 폭 빠진 아이들의 표정을 유심히 관찰한다. 이렇게 아이들은 1~2교시를 블록타임으로 묶어서 80분간 몰입독서를 했고, 끝난 후에는 '독서' 단원과 연계해서 각자 끝까지 읽은 책 한 권의 내용을 간추리는 수업을 진행했다. 첫 몰입독서를 마치고 아이들과 잠깐 이야기를 나누었다.

"얘들아, 몰입독서 해보니 어땠어?"

"집에서는 집중이 잘 안 되는데 친구들이랑 같이 읽으니까 좋아요."

"진짜 조용해요."

"선생님, 다음 장면 궁금한데 집에 빌려 가서 읽어도 돼요?"

아이들의 긍정적인 답변에 다음 몰입독서를 준비한다.

다양한 책읽기를 시도하다

몰입독서를 진행하고 나서, 아이들이 집중해서 읽는 모습에 감동 받으면 다른 형태로 책읽기를 시도하고 싶은 마음이 생긴다. '모둠끼리 몰입독서를 해 볼까? 똑같은 책을 다 같이 동시에 읽어볼까? 다른 학교와 몰입독서를 진행할까?' 등 고민이 시작된다.

한 교사는 한 명의 작가를 정해 읽는 활동을 계획했다. 아이들과 의견을 모아 첫 번째 작가로 『찰리와 초콜릿 공장』의 저자로 잘 알려진 로알드 달(Roald Dahl)을 선정했고, 도서관 사서 선생님께 부탁해서 미리 책을 준비했다고 한다. 그 이야기를 소개한다.

사례 로알드 달 작가의 책으로 몰입독서

작가의 책을 표지가 보이게 교실 바닥에 쭉 펼쳐놓으니, 아이들은 책을 탐색하기 시작했다. 책 표지를 유심히 보는 아이, 목차를 읽어 내려가는 아이 등 각자의 방식대로 책을 골랐다. 영화를 본 적이 있다는 진아와 정은이, 민결이는 『찰리와 초콜릿 공장』과 『마틸다』를 선택했고, 두꺼운 책이 부담스러운 아이들은 『멍청 씨 부부 이야기』, 『창문닦이 삼총사』, 『아북거 아북거』 등을 골랐다. 원하는 책을 친구가 가져가서 할 수 없이 남아 있는 책을 고르기도 하고, 제목에 꽂혀서 책을 집어 들기도 하고, 로알드 달의 책 중 유일하게 안 읽은 책이라며 『우리의 챔피언 대니』를 고른 아이도 있었다.

4월의 아침, 드디어 본격적으로 '로알드 달' 작가와 함께 하는 몰입독서가 시작되었다. 1시간 동안 책을 읽었는데 처음에는 조금 웅성거리더니 15분쯤 지나자 모두가 책에 빠져 고요해진 순간이 찾아왔다. 오로지 책장 넘기는 소리만 나서 숨소리 한 번 내기도 미안했다. 3월 첫 몰입독서를 시작했을 때, 몸을 비비 꼬고 지겨워서 어쩔 줄 모르던 모습을 생각하면 아이들의 변화는 놀라웠다.

물론 책읽기는 여전히 쉽지 않고, 똑같은 책장만 몇 번을 넘기고, 잠도 오고, 딴 생각도 든다. 그래도 혼자 아닌 함께이기에 책을 읽다가 마주하는 지루함도 견디고, 다 읽어내는 뿌듯함도 느낄 수 있는 게 아닐까? 마침 종이 울리고, "애들아, 점심 먹으러 가자." 하며 마치는데 몇몇 아쉬워하는 아이들이 보인다.

'몰입독서'의 목적은 책을 읽는 시간을 오롯이 경험하는 데 있다. 시작하고 나서 처음에는 막막했는데 아이들이 좋아하고, 그 시간을 기다린다고 말해주니 고마울 뿐이다. 6시간씩 책을 읽는 모임도 있다고 했더니 도전해 보고 싶다고 한다. 좋은 책, 여유로운 시간과 넉넉한 공간, 평가나 확인 없는 분위기, 그리고 함께 할 아이들이 있다면 이제 책 읽기를 향한 먼 길도 함께 떠날 수 있을 것 같다. 사계절이 지나는 동안 몰입독서가 무르익기를 바라본다.

5장

온라인으로 진행하는
몰입독서

영상을 활용한
몰입독서

우선순위에서 밀리는 독서 교육

코로나19로 인해 삶이 이렇게 달라질 줄은 아무도 예상하지 못했다. 공연계나 자영업자 등 수입이 크게 줄어드는 영역은 어렵다고 누구나 공감하고 같이 고민했다. 그렇지만 정신적인 측면이나 인간관계에서의 변화는 잘 보이지 않아 협의조차 하기가 힘들었다. 특히 저학년 아이들은 학교에 가지 않는 날이 많았는데 그 후유증이 어떻게 나타날지 예측하기 어렵다. 부모들이 보육과 교육을 함께 하면서 받는 스트레스 또한 매우 클 것이다.

또한 저학년 아이들이 학교에 가지 못해 문해력 발달에 지장을 초래하는데 독서 교육은 우선 순위에 밀리기 때문에 이런 문제를 협의하고 대응책을 강구하는 모임을 진행할 수가 없었다. 우리 교사들도 면대면으로 만나지 못해 다소 무기력해지거나 수동적으로 변한 듯한데 여론은 모임을 멈추고 집에만 갇혀 지내는 것이 중요한 문제가 아니라고 생각하는 듯했다. 로버트 퍼트넘이 주장했듯이 소모임이, 자발적인 만남이 민주주의의 기초라고 생각하고 있었는데, 지금은 더 절박한 문제에 뒤로 밀리는 것은 어쩔 수 없다고 받아들이고 있었던 것 같다.

연구소에서 진행하는 독서 수업은 소규모로 진행하는데도 큰 영향을 받았다. 누구는 초기부터 영상을 활용해서 계속할 수 있었지만, 대부분의 교사들은 코로나19가 오래 가지 않을 것이라고 믿어서, 기기를 활용하는 데 익숙하지 않아서, 또는 갖고 다니면서 활용하기 어려워서 수업을 중단한 경우가 많았다. 그래도 절반 이상은 수업한 듯하다. 영상으로 진행하니까 지방이나 외국으로 이사한 아이가 참여하기도 하고, 그래서 처음부터 영상으로 참여한 아이도 생겼다.

결과적으로 몰입독서는 직격탄을 맞은 셈이다. 10명 이상의 아이들이 긴 시간 만나 중간에 간식도 먹으면서 책을 읽는 것이라 집합금지 명령 때 바로 그만두었다. 필요성이 절실하다거나 (집에만 있기에 더 그렇다는 분들도 있다.) 서로 도와가며 진행한 경험이 있는 몇 개 팀만 남은 듯하다. 이런 상황을 예외적인 것으로 보았기 때문에 어떻게 하면 좋을지 대응 방안을 미리 강구하지 않았다. 질문을 받은 적도 없고 내부에서도 같이 협의하지 못하던 사이 벌써 2년이 다 되어간다.

그렇지만 몇몇 모임에서는 모양을 달리 하면서 몰입독서를 계속 진행했다. 소규모로 만나거나 모임의 플랫폼을 전환하는 형태로 영리하게 대처하는 모습을 보였다. 예전보다 긴장도나 활력이 약하긴 하지만 안 하는 것보다는 몇 배 낫다고 하는 말에 온라인 진행의 어려움을 들으면서 조금씩 힘을 얻고 방향을 고민하게 되었다.

영상으로 함께 듣기

몰입독서에서는 늘 1시간 정도 듣기 시간을 갖는다. 미리 녹음해서 틀어준다고 해도 교사가 옆에서 지켜보고 있다. 그러면서 듣지 않고 다른 곳을 읽고 있는 아이나 어느 부분을 읽고 있는지 못 찾는 아이가 있는지 확인하곤 한다. 그래서 영상으로 읽어 주기가 가능할 것으로 생각하진 않았다.

그러다가 코로나19 상황에서는 영상으로 읽어 주기만 하면 어떨까 하는 생각이 들었다. 아이들이 재미있어 할까 걱정도 되었지만, 아이들이 제대로 듣고 있는지 알 수가 없는데 부모들이 동의할까 의심도 들었다. 그래도 하지 않으면 알 수가 없고, 시도해야 보완할 수도 있을 것이란 생각에 일단 시도해보기로 했다. 누구와 같이 할까 궁리하다가 너무 멀어서 오기 힘든 초등학교 5학년 여학생과 2020년 3월 시범적으로 시작했다.

여학생은 독서지도도 몇 년 받았지만 싫어했고, 나중에는 책읽기도 싫어했다. 오빠가 300시간 이상 몰입독서에 참여했고, 엄마가 독서지도를 한 적도 있어 집에는 연구소 추천 목록에 있는 책이 많은 편이었다.

수업은 당연히 안 할 뿐만 아니라 아무것도 묻지 않을 테니 책을 준비해서 듣기만 한다는 조건으로 1주일에 1시간 영상으로 책을 읽어 주었다. 직접 읽어 주기도 하고, 시간이 있을 때는 미리 녹음해서 1.5배속으로 읽어 주었다.

시간이 되면 전화를 걸고 얼굴을 보고 인사한 다음 곧바로 읽어 주면 아이는 책만 바라본다. 1시간 동안 계속 듣는데 중간에 아무 말도 하지 않는다. 처음엔 낮은 수준부터 시작했다. 『꼬마 마녀』, 『카알손』, 『잠옷 파티』, 『초콜릿 전쟁』(오이시 마코토), 『수일이와 수일이』, 『노들나루의 누렁이』 등. 영상으로 읽어 주기를 하고 있어 어떤지 반응을 알기는 힘들었다. 그래도 빠지지 않고 꾸준히 참석했다. 엄마가 집에 없어도 미리 책을 준비해 주고, 오빠나 언니가 컴퓨터 조작을 도와주고, 또 친구와 노느라 가끔 빠질 때도 있지만 당시에는 학교에 가지 않아서 반응이 좋다는 느낌이 들었다.

아이는 고양시 화정에서 더 시골로 들어간 곳에 살았는데, 이보다 더 멀리 제주에 살고 있는 다른 아이와 해외 근무로 외국에서 살고 있는 아이 등 2명을 추가해서 3명으로 늘어났다. 처음 시작한 아이에게는 양해를 구했다. 새로 참가한 아이가 남자여서 그런지 여자아이는 바로 영상을 끄고 들었다. 어찌할까 고민하다가 처음 그리고 끝날 때 인사하면서 얼굴을 보여주면 된다고 허용했다. 이렇게 6월부터는 3명이 영상으로 동화를 들었다. 아이들이 듣기에 정착했다는 느낌이 들자 베트남 등 외국에 있는 아이들도 참여하게 되었다. 외국에서는 교재를 그때그때 구하기 어려워 5권 정도 목록을 미리 주고 준비시켰다.

1시간씩 빠르게 들으니까 책 권수가 제법 쌓여갔다. 9월까지 14권 정도 들었으니 한 달에 2권 정도, 1권을 2번에 나눠 들으면 끝나는 일정이라 책을 선정하는 것이 신경이 쓰일 정도였다. 물론 대면 수업에서도 한 달에 8권을 교재로 쓰기 때문에 2~3권은 재미있는지 없는지 판단하기 어려운 책도 포함할 수 있지만, 여기서는 연속 2권이 재미없으면 곤란할 것이라는 생각에 더 그랬다.

2020년에 누적 참석으로 106명인데 불참한 경우가 11명, 그러니까 참석율이 90%일 정도로 반응이 좋았다. 책을 읽어 주기만 하고, 평가는커녕 아무것도 묻지 않기에 더 편했을까? 게다가 많은 아이들이 연락을 하면 바로 접속할 정도로 미리 준비하는 모습이 보기 좋았다. 아이에 따라서는 자기 방에서 엄마나 동생이 들어오지 못하게 하고 집중해서 듣는 것을 보면 준비도 스스로 하는 듯했다. 연말부터 수업에서 만난 아이들 중 듣기가 필요한 아이들한테 참여하라고 권했더니 모두 9명까지 늘어났다.

영상 듣기를 좋아한 한 아이의 동생이 부러워해서 한 팀을 더 만들었다. 몇몇 아이를 더 모아 시간을 조정해 2021년 4월부터 시작했다. 3~4학년이어도 시간은 1시간으로 정했다. 처음에 『찰리와 초콜릿 공장』부터 『여우 씨 이야기』, 『꼬마 마녀』, 『김 배불뚝이의 모험』을 읽어줬다. 여기에 연구원 자녀 중 몇 명을 추가해서 7명까지 늘어났다. 현재는 5명이고 출석률은 93% 정도였다.

아직은 시범 중이라고 생각해서 보완 방법을 고민하고 있다. 아이들에게 가볍게 소감을 물었더니, 한 아이는 평소라면 읽지 않을 다른 분야의 책을 읽게 되어 좋았다고 말한다. 반면에 눈으로 읽을 때보다 느려서 집중력이 분산되었고, 읽어 주는 소리에 따라 읽다 보니 답답했다는 의견도 있었다. 또한 배속을 높이고 들으니 발음이 명확하지 않아 책을 읽는 데 불편함이 있었다고 했다. 다른 아이는 독후감을 생각하지 않고 책에만 집중할 수 있는 것이 장점이지만, 한 책을 읽고 바로 다른 책으로 넘어가니까 책 내용이 잘 기억나지 않는 게 안 좋은 점이라고 했다.

이런 점들을 보완한다면 코로나19 상황에서, 나아가 지방이나 외국에 있는 아이들도 책읽기를 즐기게 할 수 있는 좋은 대안이 될 것이라고 자신한다.

온라인에서 함께 읽기

몰입독서의 드러난 특징은 여러 학년의 아이들이 긴 시간 한 공간에 모여서 책을 읽는 것이다. 흔히 독서 하면 '무엇을 어떻게 읽을까'를 고민하는데 발상을 전환하여 '언제, 어디서, 누구와 함께 읽을 것인가'로 초점을 바꾼 것이다. 그로 인해 무엇을, 어떻게 읽을 것인가 하는 것도 변한다.

여기서 모인다는 것은 직접 만난다는 것이다. 그래서 우리는 토론하지 않고, 서로 얘기하지 않아도 같은 활동을 하고 있다고 몸으로 느낀다고 전제한다. 그런데 영상으로 만난다면 아이들은 같은 활동을 하고 있다고 몸으로 느낄 수 있을까?

공간이 떨어져 있어도 같은 시간에 아는 사람끼리 같은 방식으로 책을 읽는 것은 집에서 혼자, 또는 부모와 함께 읽는 것과 크게 다르다. 같은 시간에 책을 읽고, 같은 시간에 쉬고, 같은 시간에 간식을 먹고. 화면을 보면 친구들도 같은 활동을 한다. 만나서 같이 놀지 못해 아쉽지만 같은 활동을 한다는 것은 분명히 느낄 것이다. 처음에는 의심한 사람들이 있었다. 아이들이 영상으로 진행하는 학교 수업에도 열심히 참여하지 않는데 영상으로 읽기만 하는데 제대로 읽을까 하고. 그렇지만 겪어 보니 영상으로 만나는 것은 집에서 혼자 읽을 때와 정말 다르다고 했다.

영상으로 만나면서도 같은 활동을 한다고 분명하게 느낄 수 있으려면 무슨 활동을 해야 할지 고민이 된다. 우선 책을 읽는 것이니 읽은 것에 대해 얘기를 나누면 된다고 쉽게 생각할 것이다. 그렇지만 이는 잘못하면 평가로 변질될까 봐 우려가 된다. 아이 옆에서 지켜보고 있는 부모가 평가하지 않으려고 애쓴다고 해도 아이들은 부담스러울 것이다. 읽고 나서 독후 토론 형태가 아니라 책을 소개하는 방법은 좀 나을 것이다.

기존 몰입독서에서 읽기 전에 의문을 갖는 것처럼 영상 몰입독서에서도 읽기 전에 왜 이 책을 선택했는지, 또는 이 책이 어떠할 것인지, 어떤 점이 재미있을 것이라고 예상하는지 등을 말해 보게 하는 것이다. 이 방법을 택한 이유는 아이의 문해력 차이가 드러나지 않는 형태로 얘기할 수 있어야 평가받지 않는다고 느낄 것이기 때문이다.

또는 2년 이상 차이 나는 선후배간 영상 대화에서 후배가 책을 읽고 질문하면 선배가 그 책을 읽지 않았어도 아는 만큼 대답하거나, 다음 시간에 읽은 다음에 대답해 주는 것도 시도해 볼 만하다. 어른이 아닌 선배와 질의응답은 아이들 기준에는 평가에 포함되지 않는다고 생각한다. 연구소 몰입독서 진행할 때 조교로 활동하는 선배, 심지어 대학생들과 자유롭게 얘기하는 것을 여러 번 경험한 적이 있다.

그래도 자기 집에서 부모가 기기 운영이나 기타 진행사항 때문에 옆에 있어야 해서 쉴 틈이 없다거나, 부모 자녀 관계 등으로 무척 피곤할 수 있다. 그렇다면 조금 욕심을 내서 두 집이 직접 만나면 어떨까? 부모가 자녀 2~4명 정도를 살피는 것은 덜 힘들 것이다 익숙해지면 한 사람은 쉴 수도 있고 아이들은 더 좋아할 것이다.

개울 독서모임은 코로나로 도서관이 문을 닫자 각자의 집에서 영상으로 몰입독서를 계속 진행했다. 이곳은 그전부터 도서관에서 자립해야겠다는 고민이 있었다고 한다. 너무 오랫동안 도서관 지원을 받았고 또 다른 모임을 만들면 좋겠다는 얘기도 들은 바 있었다.

광교 모임은 처음부터 여러 곳에서 시도한 경험이 있어 코로나 상황에도 흔들리지 않고 바로 영상으로 진행했다. 특히 최근에 두

가구씩 모여 진행한 사례가 돋보인다.

또한 몰입독서를 진행한 학교 교사도 아이들이 등교를 못하자 영상으로 몰입독서를 계속했다. 그러면서 멀리 떨어진 분교 아이들과도 같이 했다고 한다. 매우 흥미로운 시도이다.

사례1 개울 모임

도서관에서 진행해 오던 개울 몰입독서도 코로나19 상황이 심각해지면서 변화의 길을 걷게 되었다. 그동안 도서관의 적극적인 지원으로 공간에 대한 고민을 덜 수 있었는데, 여러 사람이 이용하는 공간이니만큼 마냥 도서관에 기댈 수만은 없었다. 자립을 고민하던 차에 코로나19 상황이 심해지면서 도서관이 문을 닫게 되었고, 독서모임도 자연스럽게 다른 길을 찾아야 했다.

개울 독서모임은 2020년 2월 봄방학 몰입독서부터 도서관이 아닌, 각자의 집에서 4일간 진행하는 것으로 변화를 주었다. 온라인으로 하는 몰입독서도 시도를 해보았는데 우왕좌왕 정신이 없어서 참여 학부모들이 투표를 통해 온라인 몰입독서 대신 각자 진행하고 밴드를 통해 공유하는 방식을 취했다.

2021년 9월에 진행한 개울건강도서관 독서동아리 활동일지를 소개한다.

동아리 명		몰입독서	
모임 일자		2021년 9월 11일 (토) 10:00 ~ 14:10	
활동 장소		코로나로 인해 각자 집에서 안전하게 활동	
참가자		13명	
활동 목적		독서능력 향상 및 독서습관 만들기	
활동 도서	도서명	오즈로 가는 길	바다의 노래
	지은이	프랭크 바움	하이타니 겐지로
	출판사	문학세계사	논장
추가 도서	도서명	갈매기에게 나는 법을 가르쳐 준 고양이	
활동 내용	\multicolumn{3}{l	}{1. 1교시 : 학부모의 감독하에 50분 책 읽기 　　　　　10분간 놀이터에서 뛰어놀기 2. 2~3교시 : 활동 도서 보면서 녹음 파일 빠른 속도로 듣기 3. 4교시 : 2, 3교시에 읽은 책을 가지고 기억에 남는 장면에 대한 생각과 느낌, 또는 의문 갖기}	
	\multicolumn{3}{c	}{고학년 활동 내용}	
	윤	가나코가 큰 복어를 잡고 파티를 열었던 장면이 기억에 남는다 팍며 큰돌은 번 수 있었는데 믹이시 아까웠나.	
	태	겐타가 아빠랑 밤낚시를 가는 장면이 기억에 남는다. 나는 밤낚시를 한 번도 못 해 봤는데 겐타가 마시는 그 공기를 한번 느끼고 싶다.	
	현	겐타가 노리코 선생님과 같은 배를 타고 낚시를 하러 갈 때가 가장 기억에 남는다. 초등학생이 배를 운전한다는 것이 놀라웠기 때문이다.	
	산	가나코가 70cm짜리 복어를 잡는 장면이 기억에 남는다. 나도 낚시해서 큰 물고기를 잡아보고 싶다. 부럽다.	

활동 내용	민	두 번째 복어를 잡았을 때 마사키 아저씨가 낚시줄을 잡아 당기다가 손에 피가 났었다. 피가 나면 손을 놓을 수도 있는데 왜 끝까지 잡고 있었을까 이해가 안 됐다.
	석	겐타 아빠는 왜 마사키 아저씨를 키라고 불렀을까?
	영	이자키는 마사키 아저씨를 생일 파티에 어떻게 끌고 왔을까?
	훈	주인공이 엄청 많은 사람들 앞에서 연설하는 장면이 가장 인상 깊었다. 왜냐하면 어린데도 불구하고 한 번도 실수하지 않고 연설을 잘해서 인상에 남는다.
	저학년 독후 활동	
	윤	왜 털복숭이 노인은 토토를 데려왔을까? 토토가 사과를 먹을 수 있었는데.
	호	털복숭이 할아버지는 나이가 많으신데도 오즈 궁전에 간 장면이 인상 깊었다. 할아버지가 수많은 길을 걸으면서 어려운 일을 겪었는데 한 명도 다치지 않고 오즈로 온 게 대단했다.
	이	스쿠들러 여왕들 만났을 때 여왕이 일반 스쿠들러 백성보다 예쁠 줄 알았는데 반전있게 더 못생겨서 인상에 남는다. 일반 스쿠들러 백성은 그냥 앞뒤로 험상궂은 표정인데 여왕은 그림에서 피부색깔이 앞뒤로 노란색과 붉은색이어서 더 못생겼다.
	다음 모임 일정 : 2021년 9월 25일	

각자의 집에서 몰입독서를 하기 때문에 부모가 교사 역할을 대신한다. 독서 시작 시간과 마무리하는 시간을 알려주고, 아이들이 집중해서 책을 읽을 수 있도록 환경을 만들어 주는 것도 부모의 몫이다. 약속한 시간을 지키는 것을 중요하게 여기면서, 아이들이 집중하는지를 관찰해 책을 바꿔주거나 힘들어하면 읽어 주는 등의 적극적인 활동이 필요할 때도 있다. 도서관에서 하던 몰입독서의 연장이라 대부분의 아이들은 잘 적응하는 편이다.

하루에 4시간, 5일 동안 책을 읽는다면 꽤 많은 양의 책을 준비해야 한다. 각 가정이 다른 책을 준비해서 그날그날 몰입독서가 끝나고 돌려 읽는 것도 좋다. 가까운 거리의 참여 가정과는 쉬는 시간을 이용해 아이들이 순번을 정해 달려가서 책을 바꿔 오는 것도 몸을 움직일 수 있어 시도해볼 만하다.

쉬는 시간에는 가까운 집 아이들이 놀이터에서 잠깐 만나기도 하고, 몰입독서를 하는 토요일은 평소에 잘 먹지 않던 라면을 먹기도 하면서 힘든 과정을 기쁨들로 채우면서 이어가기도 한다. 참여하지 못한 아이가 "누구는 책을 읽었겠지?" 하고 묻는 것을 보면 아이들은 몸으로 몰입독서의 경험을 기억하고 있을 것이라 짐작한다.

사례 2   광교 모임

광교 모임은 가정집에서, 아파트 단지 도서관과 게스트하우스로, 다시 야외로, 그리고 사설 공간으로 장소를 옮겨가며 멈추지 않고 진행한 몰입독서의 경험으로 단단한 공동체로 성장했다. 이 모

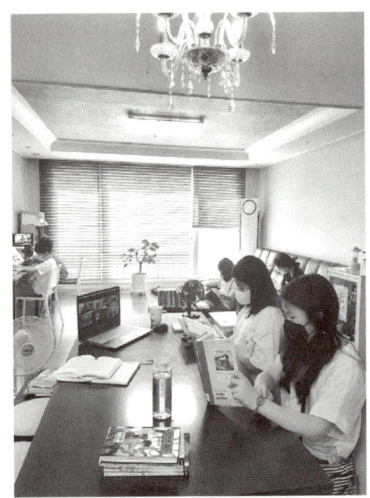 

광교 모임에서 방학 동안 몰입독서를 진행하는 모습. 두 가구가 각자의 집에서 영상을 이용해 몰입독서를 진행하고 있다.

임은 모두가 움츠러드는 코로나 상황에서도 흔들림 없이 함께 방향을 모색해서 길을 만들어나갔다.

   광교 모임은 2020년 8월 중순부터 다시 코로나 상황이 심각해지면서 몰입독서 모임도 비대면으로 전환했다. ZOOM을 통해 영상으로 토요 몰입독서를 격주로 진행했다. 영상을 통한 만남이기 때문에 시간을 줄여 아이들이 부담 없이 참여할 수 있도록 유도하고, 몰입독서를 이어가고 있다는 것에 만족했다.

● **영상 진행 방법**

① ZOOM 회원에 가입해 1년 치를 준비한다.
② 진행자가 있어 몰입독서의 시작 시간에 어떤 책을 읽을 것인지 물으며 가볍게 워밍업한다.
③ 진행자는 몰입독서의 시작과 종료를 알려준다. 벨 소리 같은 효과음을 사용하면 아이들의 반응도 좋다.
④ 몰입독서 진행시에는 아이들이 소리에 영향을 받으므로 음소거를 한다.
⑤ 비디오가 아이를 직접 비추지 않아도 이해한다. 화면에 자신의 모습이 비춰지는 것을 부담스러워하는 아이들도 있다.

이렇게 방학 몰입독서도 영상으로 진행하면서 각자의 집에서 참석할 때 긴장감이 떨어지고, 쉬는 시간을 잘 활용하기 어렵다는 아쉬움을 보완하기 위해 두 가구씩 한 가정에 모여 하는 방법으로 전환했다.

두 가구가 한 집에 모일 때는 멤버를 날마다 다르게 구성했다. 총괄을 맡은 엄마가 팀을 짜서 아이가 둘 이상인 집보다는 되도록 한 아이인 집이 움직이도록 했다. 함께하는 집과의 거리, 인원 수 등을 고려하고, 집을 공개하지 못하는 경우 간식을 맡는 것으로 역할을 나누었다. 날마다 다른 멤버들을 만나게 팀을 짜면 아이들도 다음 날은 어디로 가게 될지, 누가 오는지 궁금해하고, 소규모의 만남이라 평소에 친하지 않았던 아이들도 같이 놀게 되면서 친밀도도 높아진다. 코로나로 자유롭지 못한 상태에서 다른 집에 간다는 것만으로도 아이들의 반응은 뜨겁다.

팀을 구성할 때 같은 학년끼리 묶는 것보다 학년 차이를 넓혀 함께 하는 것이 운용 팁이다. 그때 높은 학년 아이에게 뭔가 역할을 할 수 있도록 하고, 어른들은 빠진다. 어른들은 분위기나 환경을 뒷받침해 주고, 아이들이 자율적으로 움직일 수 있도록 맡겨본다. 계획을 세우고, 진행을 하는 것, 낮은 학년의 동생들을 살피는 일들을 높은 학년의 아이들에게 맡기면 아이들은 책임감을 가지고 역할을 잘 해낸다. 자신이 책임을 맡은 만큼 더 신경을 쓰고 모범을 보이려고 애쓴다.

온라인 몰입독서를 진행한 두 가정의 이야기를 들어보자.

"왜 줌에서까지 모여서 책을 읽어야 하는지 회의적이었다. 한 번만 들어가 보고 그만두리라 생각하고 일단은 참석했다. 줌만 들어갔을 뿐인데, 아이들이 혼자 읽을 때보다 더 집중해서 잘 읽는 모습을 보였다. 해보지 않으면 모르고 놓칠 뻔했다."

"다른 활동이 있어 몰입독서 참여가 어려운 경우가 있다. 그럴 때는 그만큼 시간을 정해 책을 읽도록 한다. 아이는 투덜거리면서도 다른 아이들이 몰입독서를 하고 있다는 것을 인지하고 받아들인다. 아이 자신도 몰입독서의 구성원으로서 소속감을 느끼는 것 같다. 집에서 영상을 켜 놓으면 아이는 안 보는 것 같아도 다른 아이들이 책 읽는 모습을 보는 것 같다. 자신이 추천한 책을 읽고 있다는 것을 알고 좋아하며, 또 무슨 책을 읽고 있는지 궁금해한다. 엄마가 중심을 잡고 있으면 아이도 알고 따라 주는 것 같다."

사례3 시골 분교와 서울의 초등학교

교실에서 몰입독서를 실천하고 있던 중원초등학교 교사는 전교생이 모두 15명인 작은 시골 분교에서 근무하는 동료 교사에게 몰입독서를 소개하고 줌(ZOOM)으로 함께 진행했다.

미리 줌 주소 링크를 시골 분교 선생님께 보내고, 학생들이 참가하면 카메라 방향을 바꿔서 반 아이들이 보이게 했다. 처음에 서로의 반을 소개하고, 궁금한 점을 질문하고 답하는 시간을 10분 정도 가진다. 1시간 정도 집중해서 몰입독서를 한 후 읽었던 책 제목을

서울 초등학교와 시골 분교가 줌으로 몰입독서를 진행하는 모습. 다른 지역 아이들과 영상을 통해 함께 읽고 발표하는 방식으로 진행되었다.

한 명씩 돌아가며 발표하고 마친다. 끝나고 나서 아이들이 몰입독서를 주제로 쓴 일기를 보면 다른 지역의 누군가와 함께 책을 읽은 경험이 꽤 놀라웠던 것 같다. 더 몰입이 잘 됐다는 아이도 있고, 줌으로 만나서 책을 읽는다는 것이 신기하고 재미있다는 반응이 많다.

 아이들은 어른들과 달리 디지털 원어민이라 불린다. 게임이나 SNS를 통해 이미 모르는 이들과의 활동이 생활의 많은 부분을 차지하고 있고, 코로나19로 원격수업이 일상화된 아이들에게 언택트 몰입독서는 어른들이 걱정하는 것만큼 어려운 일이 아닐 수 있다.

나가는 글

책을 읽을 수 있는
환경을 만들어야 한다

책만 읽어도 사고력은 높아진다

아이들의 학습 부담은 커지고 유튜브 등 인터넷 유혹은 점점 강해지고 있다. 또 문해력이 부족한 아이의 비율이 점점 커지고 있는데, 그만큼 책을 대충 읽는 아이들이 많아 독서를 통해 문해력이 높아질지 의심하는 목소리도 커지고 있다.

물론 책을 읽을수록 문해력은 높아진다. 그런데 책을 강조하는 사람들은 문해력으로 만족하지 않고 사고력이 높아지길 기대한다. 그러면서 책이 아닌 다른 방법을 찾아 나선다. 책을 잘 읽는 아이들의 경우에도 영상매체의 영향, 늘어난 학원 시간과 공부 부담 등으로 학년이 높아질수록 책을 회피하게 된다.

나는 책만 읽어도 사고력이 높아진다고 본다. 물론 그렇지 않을 수도 있다. 예를 들어 '아이의 성향이 현실적이고, 상상이나 공상을 좋아하지 않는다. 그가 읽는 책이 주로 판타지나 흥미 위주여서 자기 삶을 돌이켜보게 하지 않는다. 교사들 대부분 정답을 강조해서 아이가 자기 속생각을 끄집어낸 경험이 거의 없다. 또 집안 환경이 너무 화목해서 별다른 고민이 없거나 심하게 억압적이어서 생각을 억제하고 있다' 등의 상황이라면 말이다.

그렇지만 아직까지는 많은 아이들이 사춘기 이전부터 성적 압박과 공부 경쟁으로 고민하지 않을 수 없다. 또 대중매체에서 요구하는 것과 부모가 지도하는 것과의 차이가 커서 아이가 생각 없이 지내기가 오히려 더 어려울 것이다. 여전히 많은 아이들이 자기 삶과 유사한 이야기가 나오는 동화를 읽고 자기 생각을 드러내고 자기주장을 표현하고 있다. 그렇게 자기 목소리를 그대로 인정해줄 환경을 만들어 준다면 더욱 그럴 것이다.

몰입독서는 평가하지 않기 때문에 그런 환경으로 적절하다. 또 긴 시간 집중해서 읽기 때문에 보통 때 읽지 못하는 장편이나 시리즈를 단숨에 읽을 수 있다. 요즘 아이들은 글이나 영상도 짧은 내용을 선호한다. 책을 좋아한다는 아이들도 300쪽이 넘는 소설을 읽지 못하거나 한 번에 다 읽지 못해서 내용을 연결시키지 못한다. 이렇게 긴 작품을 한 번에 읽고 음미하는 것은 몰입독서 같은 환경에서만 가능할 것이다. 그래서 몰입독서는 아이들에게 문해력과 사고력을 높여주고, 어쩌면 지적 자립으로 나아가게 할, 가장 좋은 방법일 것이다.

그럼에도 이를 어떻게 입증할 수 있을지는 여전히 큰 과제이다.

더 많은 사람들이 몰입독서를 경험한다면 입증이 가능하지 않을까? 몰입독서 확대를 위해 다음 3가지 정도를 제안한다.

단체나 기업의 복지사업으로 진행하기

대체로 학부모들이 자발적으로 동아리를 꾸려서 몰입독서를 진행하는 경우가 많은데, 그렇게 되면 직장인은 참여하기가 어렵다. 서로 품앗이로 봉사하면서 몰입독서를 진행해야 하니까 직장인들은 포함시키지 않는 것이다.

직장인 부모를 염두에 두면 개인적으로 사회에서 이런 지원을 해 주면 좋겠다는 생각을 한다. 즉 어떤 기관이나 단체, 기업 등에서 직원·회원들 복지의 일환으로 자녀들의 책읽기를 후원하는 것. 대부분의 부모들이 자녀의 학습을 걱정하는데, 단체나 기업에서 가장 기본적인 수준에서 책읽기를 지원해준다면 직원·회원들은 환영하지 않을까? 그런 단체나 기업에는 책 읽을 공간이 있을 것이고, 전문가에게 수업료를 지원할 수 있을 것이다. 책은 진행하면서 조금씩 구입하고. 그러면 아이들이 성장해도 그 단체가 중심이니까 새로운 아이들로 바뀌어도 진행이 가능할 것이다.

개인이나 독서 동아리 등에서 몰입독서를 할 때의 가장 큰 문제인 장소나 비용 문제도 해결할 수 있다. 직원이나 회원들이 요구하고 그 단체나 기업에서 받아들이기만 하면 별 문제는 없을 것이다. 예전에 한 기업에서 독서논술 지도를 한 적이 있었는데 월 1회 4시간이었다. 대상은 그 기업이 발행하는 잡지의 회원인데 제주도에 있는 학생까지 참석하기도 했다.

어른에게도 몰입독서가 필요하다

요즘 많은 사람들이 책을 읽고 기억하지 못한다고 한다. 최근에는 읽기 자체가 안 된다고 하소연한다. 읽을 때 집중이 되지 않는다는 말도 자주 듣는다. 자세를 바꾸기도 하고, 자주 쉬기도 하지만 책 한 권을 계속 읽을 수 없다. 그래서 이 책 찔끔, 저 책 조금 읽기도 하고, 선 채로 읽기도 하고, 읽다가 수시로 휴대폰을 들여다보거나 메일을 확인하고, 아예 포기하고 드라마를 본다는 사람들도 있다. 얼마 전까지만 해도 그런 태도를 지적하곤 했다는 사람들도 말이다.

사실 집에서, 또는 도서관에서 혼자 책을 읽는 것이 생각처럼 쉽지 않다. 집중도 되지 않고, 방해하는 요인들이 너무나 많다. 누구는 '집안에서는 눈만 돌리면 해야 할 일들이 아우성치며 집중을 흩어놓아 동네 도서관으로 도망쳤더니 이웃을 만나 커피타임을 피할 수 없었다.'고 말한다. 그렇지만 집안 정리도 잘 되어 있고, 이웃을 만날 일이 없는데도 1시간을 못 버티고 책을 그만 읽었다고 한다. 시간이 없어서 책을 못 읽는 줄 알았는데 이제 능력이 떨어져서 그런 것이라는 사실을 인정하게 되었다는 것이다.

억지로 읽어야겠다고 해서 월 1~2회 모여서 토론하는 모임에 참가한다. 일반적인 독서모임은 토론하는 모양을 취한다. 집에서 읽고 모여서 생각과 느낌을 주고받는다. 서로 영향을 받고 집에서 더 열심히 책을 읽는다. 바람직한 모습이다. 그런데 읽으면서 깊게 생각한 다음 만나서 토론해야 서로 배울 것이 있을 텐데, 비슷한 수준과 취향의 사람들이 모여서 정리되지 않은 얘기를 주고받는다면 시간 낭비가 아닐까? 이때마다 내가 읽고 싶은 책을 혼자 읽는 것이 낫지 않을까 하는 생각이 들면서 다시 처음으로 돌아가게 된다.

발상을 전환해 보자. 모여서 각자 읽고 싶은 책을 읽으면 어떨까? 만나기가 쉽지 않으니 한 번 만날 때 긴 시간을 정한다. 또 읽고 '음미'를 하려면 긴 시간을 확보해야 한다. 더 중요한 것은 긴 시간 읽어내는 독서능력을 높여야 한다. 긴 시간을 읽기 때문에 중간에 짧게 쉬는 것이 좋다.

집중은 생각보다 짧다. 학자에 따라서는 30분이 최대치라고 하는데 책을 좋아하는 사람들은 90분에서 120분 정도 쉬지 않고 읽는다. 그리고 집중이 떨어진 상태로 쉬기 때문에 책을 다시 붙잡기 힘들어한다. 오히려 3~4시간 확보했다면 50분 읽고 10분 음미하고 잠깐 몸 풀기 등의 쉬는 시간을 갖는 것이 좋다.

50분 읽고 10분 쉬고, 2~4시간 몇 차례만 해도 뭔가 달라진 느낌이 들 것이다. 3일간 18시간을 읽은 한 사람은 "책을 읽는 것 외에는 아무 요구하는 것이 없으니 머리도 가벼워졌다. 집에서도 『강의』(신영복)를 200쪽 넘게 읽었다. 그렇게 책을 읽은 것이 무려 넉 달만의 일이다. 지지받고 대우받는 느낌을 받았다."고 했다. 가까운 친구들 2~3명이 모여, 개인집에서, 도서관에서, 카페에서 요일과 시간을 정해서 몰입독서를 시도해보면 어떨까?

몰입독서 전용 도서관을 꿈꾸며

몰입독서의 큰 꿈은 몰입독서 전용 도서관을 짓는 것이다. 그동안 지역 곳곳에 크고 작은, 훌륭한 시설을 갖춘 좋은 도서관이 많이 개장됐다. 공간도 자유롭고, 주변 환경도 좋고, 장서도 놀랄 만큼 많이 구비되어 있다. 그렇지만 내 생각에는 하드웨어 중심이 아닌가 한다. 고유한 프로그램도 없고 이용자가 적어 더 일반적인 프로그램을 도입하곤 한다. 실제로 많은 도서관들이 프로그램을 다양하게 진행하면서 문화센터와 비슷하게 바뀌고 있어 도서관마다 별다른 특징이 없는 셈이다. 일반 도서관에 가보면 공부하는 사람들이 대부분이다. 독서실처럼 말이다. 이런저런 이유로 장서가 많은 도서관은 문화센터 프로그램을 운영하고 있고, 이용자는 대부분 시험 공부를 하고 있고, 책을 읽는 사람들은 점점 도서관에서 보기 힘든 실정이다. 사서 역시 행정 일을 보느라 책을 읽지 못하고.

몰입독서 전용 도서관이라면 모인 사람들이 거기에 있는 책을 읽을 것이다. 여기에는 장서도 많을 필요가 없다. 책읽기를 좋아해서, 즐겁게 책을 읽고 싶은데 시간과 여유를 내지 못하는 아이와 어른을 위해 동아리 형태로 참여해서 읽게 하는 것이다. 개인이 시간과 장소를 정해서 참여할 수도 있다. 여기에는 문화센터 프로그램은 없고, 독서와 거리가 먼 활동은 진행하지 않는다. 주된 활동이 책을 읽는 것이고, 부수적으로 대화와 토론과 상담이 있을 뿐.

우리 주변에는 공간과 비용 문제 때문에 참여하고 싶어도 그러지 못하는 사람들이 많이 있다. 그런데 사회에서 지원받는다면 이용자는 부담이 훨씬 줄 것이다. 그리고 긴 시간 읽는 것이라 비교적 먼 거리에 있는 사람들도 참여할 수 있을 것이다. 역량이 쌓이면 합숙도 시도하고 싶다. 1년 정도의 대안 과정도 고려해볼 수 있다.

  책을 읽는 사람이 많아진다면 우리 사회가 달라질 것이라고 기대하는 사람들이 많다. 그렇지만 책은 다른 매체와 성격이 다르다는 점을 먼저 인식해야 한다. 즉 독자가 집중해서 읽어야만 책의 가치가 살아나는 것이다. 책을 창작하는 작가나, 이를 출판하는 출판사나 이를 구입해서 비치하는 도서관을 지원하는 것만으로는 부족하다. 읽을 수 있는 환경을 만들어야 한다. 몰입독서 전용 도서관은 바람직한 모범이 될 것이다.

부록

몰입독서 실천을 위한
추천도서 목록

기본 교재와 추가 교재 목록

몰입독서를 할 때 어떤 책을 준비할지 참고할 수 있도록 방학 몰입독서의 기본 교재와 추가 교재 목록을 제시한다. 요일별로 아이들이 읽는 기본 교재를 정해야 그 교재를 중심으로 추가로 읽는 교재를 준비하기 수월하다. 그 외 아이들이 스스로 선택해서 읽는 책도 많이 필요한데, 그동안의 경험을 바탕으로 여러 상황에 맞게 아이들에게 권해 줄 책을 소개한다. 각자 아이들의 연령과 상황, 필요에 따라서 참고하기 바란다.

1. 기본 교재

몰입독서에서 매일 처음 2시간은 요일별로 정해진 기본 교재를 읽는다. 우리 연구소에서는 방학마다 주제를 정해 교재를 정한다. 많이 참여하는 학년인 초3~중2를 저학년, 고학년으로 나누고, 그 외 초등 1~2학년은 그림책을 읽게 하고, 중3 이상은 개인별 교재를 제시한다.

● 주제: 한 작가가 그리는 가족관계는 주로 어떤 모습인가?

요일	작가	저학년(초3~5)	고학년(초6~중2)
월	크리스티네 뇌스틀링거·아스트리드 린드그렌	프란츠 이야기 1~13, 개구쟁이 에밀 이야기 1~3	오이대왕, 뒤바뀐 교환학생(여름방학 불청객), 소년탐정 칼레 1~3, 사자왕 형제의 모험
화	송언·김중미	김 배불뚝이의 모험 1~5, 종이밥, 내 동생 아영이	사라진 세 악동, 괭이부리말 아이들, 그날 고양이가 내게로 왔다, 모두 깜언
수	하이타니 겐지로·차오원쉬엔	하이타니 겐지로의 시골 이야기 1~5, 딩딩 당당 시리즈 1~7	나는 선생님이 좋아요, 태양의 아이, 빨간 기와, 힘센 상상(상상의 초가 교실)
목	이금이·황선미	밤티마을 3권, 초대받은 아이들, 나쁜 어린이 표	너도 하늘말나리야 3부작, 푸른 개 장발, 늘 푸른 나의 아버지
금	로알드 달·알렉스 쉬어러	멋진 여우 씨, 멍청 씨 부부, 요술 손가락, 찰리와 초콜릿 공장	마녀를 잡아라, 마틸다, 초콜릿 레볼루션, 푸른 하늘 저편

* 듣기 교재: 초등 3~4학년 - 밤티마을 3권 (큰돌이네 집, 영미네 집, 봄이네 집)
  초등 5~6학년 - 태양의 아이

위 목록은 스키마언어교육연구소에서 진행한 방학 중 몰입독서 기본 교재 예시 중 하나이다. 매 회차별 기본 교재는 연구소 홈페이지 (www.schemaedu.co.kr)에서 볼 수 있다.

2. 기본 교재 작가들의 다른 책

기본 교재는 책을 즐겨 읽는 아이들을 염두에 두고 대략적으로 정한 것이라 읽기 힘들어하는 아이들도 있다. 그럴 경우에는 같은 작가가 쓴 다른 책을 권한다.

저학년	월	크리스티네 뇌스틀링거	깡통 소년, 미니 미니 시리즈 1~15, 뚱뚱해도 넌 내 친구야, 세 친구 요켈과 율라와 예리코, 푸딩 파울 수사에 착수하다
		아스트리드 린드그렌	나 이사 갈 거야, 내 이름은 삐삐 롱스타킹 1~3, 떠들썩한 마을의 아이들, 말썽꾸러기 로타, 에밀은 사고뭉치, 재미있는 집의 리사벳
	화	송언	김 구천구백이, 돈 잔치 소동, 딱 걸렸다 임진수, 마법사 똥맨, 잘한다 오광명, 축 졸업 송언 초등학교, 춤추는 책가방
	수	하이타니 겐지로	너는 닥스 선생님이 싫으냐?, 바다는 눈물이 필요 없다, 악동들의 주머니, 우리 모두 가위바위보!, 우리 선생님 최고, 우리 집 가출쟁이
	목	이금이	나와 조금 다를 뿐이야, 도들마루의 깨비, 내 친구 재덕이, 지붕 위의 내 이빨, 푸르니와 고우니, 싫어요 몰라요 그냥요
		황선미	과수원을 점령하라, 들키고 싶은 비밀, 마당을 나온 암탉, 일기 감추는 날, 처음 가진 열쇠, 트럭 속 파란 눈이, 어느 날 구두에게 생긴 일, 빛나는 그림자가, 뻔뻔한 실수, 건방진 장루이와 68일
	금	로알드 달	거꾸로 목사님, 꼬마 빌리의 친구 민핀, 아북거 아북거, 제임스와 슈퍼 복숭아, 조지 마법의 약을 만들다, 창문닦이 삼총사

고학년	월	크리스티네 뇌스틀링거	나는 심각하다, 난 아빠도 있어요, 머릿속의 난쟁이, 불꽃머리 프리데리케, 수호 유령이 내게로 왔어, 언니가 가출했다, 텔레비전 속 내 친구
		아스트리드 린드그렌	라스무스와 방랑자, 라스무스와 폰투스, 마디타, 마디타와 리사벳, 산적의 딸 로냐, 카알손 1~3, 외톨이 보세와 미오 왕자
	화	김중미	곁에 있다는 것, 꽃섬 고양이, 꽃섬고개 친구들, 꿈을 지키는 카메라, 나의 동두천(거대한 뿌리)
	수	하이타니 겐지로	모래밭 아이들, 바다의 노래, 바다의 풍경 1~2, 소녀의 마음, 하늘의 눈동자 1~2
		차오원쉬엔	까만 기와, 건냐오의 백합계곡(꿈의 무늬), 란란의 아름다운 날, 바다소, 세 연인(비), 사춘기, 청동 해바라기, 17세 밍쯔
	목	이금이	거기 내가 가면 안 돼요?, 꽃바람, 벼랑, 신기루(거인의 땅에서), 알로하 나의 엄마들, 우리 반 인터넷 소설가, 유진과 유진, 첫사랑, 허구의 삶
		황선미	목걸이 열쇠, 바람이 사는 꺽다리 집, 사라진 조각, 소리 없는 아이들, 엑시트
	금	로알드 달	내 친구 꼬마 거인, 우리의 챔피언 대니, 로알드 달의 위대한 단독 비행, 로알드 달의 빌칙히고 유쾌한 학교(보이)
		알렉스 쉬어러	두근두근 체인지, 바다에서 보낸 편지, 아이를 빌려드립니다(쫓기는 아이), 통조림을 열지 마시오, 형제는 용감했다, 13개월 13주 13일 도둑맞은 시간(13개월 13주 13일 보름달이 뜨는 밤에)

3. 스스로 선택하는 책

기본 교재를 읽은 후 다음 2시간은 스스로 선택해서 책을 읽는다. 아이들이 직접 선택하는 데 도움이 되도록 저학년과 고학년을 나눠서 책을 배치한다. 그리고 책을 나라별로 구분하는데, 우리나라 책은 아이들이 겪는 시공간이 배경으로 나오므로 읽기 쉽기 때문이다. 그리고 일본과 중국 책 역시 우리와 사회적, 정서적으로 비슷한 면이 많아서 읽기 쉽다. 미국이나 유럽을 비롯한 다른 나라들 책은 이해하기 조금 더 어려운 편이다.

저학년	우리나라	5번 레인, 가짜 영웅 나일심, 그림 도둑 준모, 까막눈 삼디기, 깡딱지, 꿈꾸는 요요, 나는 싸기대장의 형님, 낫짱이 간다 1~2, 내 가슴에 해가 산다, 노들나루의 누렁이, 노잣돈 갚기 프로젝트, 다락방의 괴짜들, 도토리 사용 설명서, 동물대장 엉걸이, 동생(조은), 딱지 딱지 코딱지, 리얼 마래, 마법의 빨간 립스틱, 만만치 않은 놈 이 대장, 바나나가 뭐예유?, 밥데기 죽데기, 배추 선생과 열네 아이들, 벌렁코 하영이, 브로커의 시간, 빛보다 빠른 꼬부기, 새끼 개, 어미 개, 소나기밥 공주, 소리 질러 운동장, 아기 도깨비와 오토제국, 아저씨 진짜 변호사 맞아요?, 아주 특별한 우리 형 1~2, 아토믹스 1~2, 악어입과 하마입이 만났을 때, 안내견 탄실이, 앵무새 돌려주기 대작전, 양파의 왕따 일기 1~2, 엄마는 거짓말쟁이, 오줌 멀리싸기 시합, 욕 시험, 욕 전쟁, 우리 반 욕 킬러, 우리들의 에그타르트, 우리 소 늙다리, 월화수목 그리고 돈요일, 위풍당당 심예분 여사, 잘못 뽑은 반장, 젓가락 달인, 축구 생각, 축구왕 이채연
	일본·중국	가출할 거야, 굿바이 마이 프렌드, 마코토의 푸른 하늘, 말해 버릴까?(히비 시게키), 모두가 고릴라, 벽장 속의 모험, 빨간 소파의 비밀, 아빠는 너구리 선생님, 아슬아슬 삼총사, 용과 함께, 이 배는 지옥행, 초콜릿 전쟁(마코토), 통조림에서 나온 소인들, 펭귄표 냉장고

저학년	그 외 다른 나라	개구리 선생님의 비밀, 걸어 다니는 부엉이들, 계단 먹는 까마귀 모티머, 까마귀 모티머 길들이기, 공룡이 학교에 나타났어요, 공주의 발, 광합성 소년, 내 마음속 화딱지, 내 친구가 마녀래요, 내겐 드레스 백 벌이 있어, 도미니크, 머빈의 달콤쌉쌀한 복수, 못된 마거릿, 미노스, 벤은 나와 조금 달라요 1~3, 빈둥빈둥 투닉스 왕, 빗방울 목걸이, 삐뚤빼뚤 쓰는 법, 사과나무 위에 할머니, 샤워하는 올빼미, 슈퍼 영웅 변신 페인트 1~3, 아프리카에 간 펭귄 36마리, 아벨의 섬, 악어랑 함께 살 거야, 안녕 캐러멜, 여우 씨 이야기, 영리한 공주, 오기 쿠더 1~2, 올드 울프, 제트기만큼 빠른 개 길들이기(한 시간에 백 마일을 달리는 개), 조금만 조금만 더, 진짜 도둑, 초콜릿 천재, 토요일의 보물찾기, 파퍼 씨의 12마리 펭귄, 퍼시의 마법 운동화, 프린들 주세요, 학교에 간 사자
고학년	우리나라	2미터 그리고 48시간, 6학년 1반 구덕천, 가시고백, 구달, 그냥 컬링, 나는 브라질로 간다, 나의 달타냥, 남매의 탄생, 니가 어때서 그카노, 다섯 시 반에 멈춘 시계, 마지막 겨울(흰빛 검은빛), 맛깔스럽게 도시락부, 매미 여름 내내 무슨 일이 있었을까?, 머피와 두칠이, 문제아(박기범), 밀레니얼 칠드런, 밀양, 방학 탐구 생활, 부숭이의 땅힘(부숭이는 힘이 세다), 세 발 강아지, 수일이와 수일이, 순간들, 싱커, 아몬드, 엄마의 마흔 번째 생일, 열일곱 살의 털, 오즈의 의류 수거함, 완득이, 용기 없는 일주일, 우리들의 일그러진 영웅, 우리들의 행복한 시간, 유원, 의자 뺏기, 이삐 언니, 장건우한테 미안합니다, 장수 만세, 중3 조은비, 지엠오 아이, 체리 새우: 비밀글입니다, 페인트, 펜더가 우는 밤, 플레이 볼, 흑룡전설 용지호
	일본·중국	그들이 얌전히 있을 리 없다, 나는 백치다, 납치 여행, 내가 그 녀석이고 그 녀석이 나이고, 내가 나인 것, 니 부모 얼굴이 보고 싶다, 레벌루션 No.3, 박사가 사랑한 수식, 보이지 않는 적, 해바라기 카 짱, 불량 청춘 카 짱, 불량소년의 꿈, 비트 키즈 1~2, 시간의 선물, 어찌다 중학생 같은 걸 하고 있을까, 우리들의 7일 전쟁, 울지 마 지로 1~2, 창가의 토토, 플라이 대디 플라이, 해피 버스데이, 허삼관 매혈기

고학년	그 외 다른 나라	계단의 집, 골목 전쟁(손수레 전쟁), 공주와 고블린, 그 아이는 히르벨이었다, 그래도 학교, 까보 까보슈, 꼬마 바이킹 비케 1~2, 꼬마 백만장자 팀 탈러 1~2, 나 고릴라 그리고 원숭이 별, 나 단테 그리고 백만 달러, 나는 내가 누구인지 말할 수 있었다, 나는 사고 싶지 않을 권리가 있다, 나의 산에서, 먼 산에서, 나의 올드 댄 나의 리틀 앤 1~2, 난쟁이 무크, 내 사랑 옐러, 내 친구 윈딕시, 내가 사랑한 야곱, 너를 위한 50마일, 노란 집의 모펫 가족, 뉴욕에 간 귀뚜라미 체스터, 늑대 개 화이트팽, 프리스비 부인과 니임의 쥐들(니임의 비밀), 달만큼 큰 미소, 닭 다리가 달린 집, 대장간 골목, 드럼 소녀 & 위험한 파이, 떠돌이 왕의 전설, 똥보 내 인생, 똥보가 세상을 지배한다, 로봇 소년 날다, 로봇 소년 학교에 가다, 루비 홀러, 리바운드, 리펠의 아라비안나이트, 마녀 사냥, 모스 가족의 용기 있는 선택, 목요일의 아이(소냐 하트넷), 못된 장난, 몽키맨 1~2, 버블과 스퀵 대소동, 벌거숭이 왕자 덜신, 보이지 않는 바비, 불량 엄마 납치 사건 1~2, 새들이 보는 것, 새로운 엘리엇, 생사불명 야샤르, 샤일로, 샬롯의 거미줄, 숲의 수호자 와비, 스튜어트 리틀, 시간 밖으로 달리다, 시베리아 호랑이의 마지막 혈투, 씁쓸한 초콜릿, 아버지의 남포등, 악마의 농구 코트, 안녕 우주, 연을 쫓는 아이, 열네 살의 인턴십, 완벽한 가족, 외톨이 매그너스, 요헨의 선택, 우리 개의 안내견을 찾습니다, 울지 않는 늑대, 원숭이의 선물, 이덴, 이름 없는 너에게, 일단 질러, 전갈의 아이, 제이넵의 비밀 편지, 조이 열쇠를 삼키다, 조이 나사가 풀리다, 조커 학교 가기 싫을 때 쓰는 카드, 주니어 브라운의 행성, 죽은 개는 이제 그만, 진저 파이, 최후의 늑대, 커피 우유와 소보로 빵, 켄즈케 왕국, 트럼펫 부는 백조 루이(백조의 트럼펫), 트루먼 스쿨 악플 사건, 파도, 파울과 파울라, 형 내 일기 읽고 있어?, 호랑이의 눈

4. 얇은 책

몰입독서 진행 중에 책읽기를 힘들어하거나 집중이 떨어진 아이들에게는 얇은 책을 모아놓은 코너에 가서 책을 고르라고 한다. 주로 저학년이 이용하지만, 고학년에게도 적극 권하면 좋다. 재미있으면 비슷한 책을 찾기 때문에, 작품이 많은 작가의 책은 따로 구별해 놓는다. 이 목록은 몰입독서 참가자 중 1~2학년 아이들이 있다면 직접 선택할 수 있도록 그림책 목록 옆에 비치해 놓는다.

이상권	똥개의 복수, 애벌레의 복수, 딱새의 복수
아놀드 로벨	개구리와 두꺼비가 함께, 개구리와 두꺼비는 친구, 개구리와 두꺼비의 하루하루, 개구리와 두꺼비의 사계절, 집에 있는 부엉이, 생쥐 이야기, 꼬마 돼지, 코끼리 아저씨, 길을 가는 메뚜기, 색깔 마법사
베아트리스 루에	수학은 너무 어려워, 이제 너랑 절교야, 우리 아빠가 제일 세다, 우리 엄마한테 이를 거야, 수영장 사건, 내 남자 친구야, 머리에 이가 있대요, 폭죽 하계회, 내 사랑 생쥐
프란치스카 비어만	책 먹는 여우, 책 먹는 여우와 이야기 도둑, 게으른 고양이의 결심, 자석 강아지 봅
그 외 얇은 책 목록	거짓말을 먹고 사는 아이, 고양이 네 마리 입양시키기, 고양이 택시, 공주는 등이 가려워, 괴물 예절 배우기, 꼬마 해적 레드렉, 나야 뭉치 도깨비야 1~2, 내 짝꿍 최영대, 다람쥐와 마법의 반지, 똥 줌 오줌, 마법에 걸린 주먹 밥통, 말썽꾸러기 비단뱀, 말의 미소, 머시 시리즈 1~2, 멜롭스 가족 시리즈 1~2, 변신 점퍼, 사자왕 부루부루, 아빠 팔이 부러졌어요!, 아빠가 빈털터리가 됐어요, 아빠를 팝니다, 엄마를 팝니다, 엉뚱이 소피의 못 말리는 패션, 여우의 전화 박스, 용감한 꼬마 해적, 우리 집 하수도에 악어가 산다, 웃지 않는 공주 이사벨라, 위대한 탐정 네이트 1~2, 이 고쳐 선생 시리즈 1~2, 주근깨 주스, 짜장 짬뽕 탕수육, 킬러 고양이의 일기, 파스칼의 실수, 하얀 부엉이와 파란 생쥐, 화가가 된 꼬마 유령, 화요일의 두꺼비, 흡혈귀 루디 치과는 정말 싫어

5. 옛이야기와 그림책

마지막 시간이나 집중이 떨어진 아이에게는 개인별로 옛이야기나 그림책을 읽어주고, 아이가 재미있어 하면 같은 출판사 시리즈 책이나 같은 작가 또는 비슷한 내용의 책을 권해준다. 시리즈라도 전부 적지 않고 아이들이 좋아하는 책만 적었다. 그림책은 너무 종류가 많아 따로 목록을 적지 않고, 아이들이 좋아하는 작가 책만 적었다. 이 책은 꼭 구비하고 다른 그림책은 우선 자기 집에 있는 책부터 가져온다. 아이들이 읽는 태도를 관찰해서 다른 책을 더 구할지는 그때 판단한다.

옛이야기	웅진	구렁덩덩 신선비, 도둑나라를 친 새 신랑, 푹풍 마왕과 이반 왕자
	사계절	세상이 생겨난 이야기, 별난 재주꾼 이야기, 재치가 배꼽 잡는 이야기, 가슴 뭉클한 옛날이야기, 어찌하여 그리 된 이야기
	푸른숲	호랑이 뱃속에서 고래잡기, 장승이 너무 추워 덜덜덜, 도깨비가 밤마다 끙끙끙
	보리	두꺼비 신랑, 꽁지 닷 발 주둥이 닷 발, 메주 도사, 호랑이 잡는 기왓장, 나귀 방귀, 박박 바가지, 떼굴떼굴 떡 먹기, 호랑이 뱃속 구경, 신통방통 도깨비, 아기장수 우투리
	문학동네	삼백이의 칠일장 1~2
	창비 (우리나라)	삼신할머니와 아이들, 염라대왕을 잡아라, 아버지를 찾아서, 모여라 꾸러기 신들
	창비 (다른나라)	바보 이반의 이야기, 바보 마을의 영웅, 이반 왕자와 불새, 어여쁜 바실리사, 누가 진짜 왕일까요, 사람은 무엇으로 사는가, 지빠귀 수염 왕자
	한겨레	조선의 여걸 박씨 부인, 꾀보 막동이, 숙향전, 조선의 영웅 김덕령

그림책	윌리엄 스타이그	치과의사 드소토 선생님, 당나귀 실베스터와 요술 조약돌, 부루퉁한 스핑키, 슈렉!, 멋진 뼈다귀, 아모스와 보리스, 엉망진창 섬, 용감한 아이린, 녹슨 못이 된 솔로몬, 장난감 형, 뒤죽박죽 달구지 여행, 하늘을 나는 마법 약, 자바자바 정글, 티프키 두프키의 아주 멋진 날, 강아지가 된 칼렙
	존 버닝햄	지각대장 존, 야 우리 기차에서 내려!, 깃털 없는 기러기 보르카, 크리스마스 선물, 마법 침대, 장바구니, 우리 할아버지, 구름 나라, 에드와르도 세상에서 가장 못된 아이, 내 친구 커트니, 네가 만약 ……, 대포알 심프, 셜리야 물가에 가지 마!, 알도, 트루블로프: 발랄라이카를 연주하고 싶은 생쥐, 마일즈의 씽씽 자동차, 검피 아저씨 1~3
	앤서니 브라운	돼지책, 고릴라, 터널, 겁쟁이 빌리, 행복한 미술관, 미술관에 간 윌리, 공원에서 일어난 일, 동물원, 꿈꾸는 윌리, 달라질 거야, 축구 선수 윌리, 헨젤과 그레텔, 윌리와 악당 벌렁코, 거울 속으로, 나와 너
	레오 리오니	프레드릭, 파랑이와 노랑이, 물고기는 물고기야!, 생쥐와 태엽쥐, 으뜸 헤엄이, 티코와 황금 날개, 세상에서 가장 큰 집, 서서 걷는 악어 우뚝이, 꿈틀꿈틀 자벌레, 내 거야!, 저마다 제 색깔, 까미기 어섯 마리
	야노쉬	난 커다란 털북숭이 곰이다, 이글라우로 간 악어, 참파노와 곰, 아빠 사자와 행복한 아이들, 잠꾸러기 피츠케의 꿈꾸기

6. 다른 유명 작가 코너

책을 잘 읽는 아이들은 재밌게 읽은 책과 비슷한 책을 찾는데, 아이들이 쉽게 찾을 수 있도록 작가별로 구분해서 비치한다. 아이들이 즐겨 읽는 책만 적었다.

우리 나라	이상권	애벌레가 애벌레를 먹어요, 난 할 거다, 하늘로 날아간 집오리, 그 녀석 왕집게, 아름다운 수탉, 겁쟁이, 멧돼지가 기른 감나무, 애벌레를 위하여, 발차기, 비밀에 싸인 아이, 너 딱 걸렸어
	김남중	불량한 자전거 여행 1~2, 자존심, 기찻길 옆 동네 1~2, 싸움의 달인, 해방자들, 보손 게임단, 공포의 맛, 주먹곰(주먹곰을 지켜라), 나는 바람이다 1~11
일본· 중국	시게마츠 기요시	목요일의 아이, 말더듬이 선생님, 친구가 되기 5분 전, 소년 세상을 만나다, 안녕 기요시코, 휘파람 반장, 아빠는 우주 최강 울보쟁이
	오카 슈조	우리 누나, 나는 입으로 걷는다, 힘들어도 괜찮아, 바람을 닮은 아이
	창신강	열혈 수탉 분투기, 나는 개입니까, 기억을 잃은 소년, 열혈 돼지 전설, 여섯 번째 머리카락, 하늘 언덕, 탁구왕 룽산
그 외 다른 나라	에리히 캐스트너	5월 35일, 동물회의, 에밀과 탐정들, 하늘을 나는 교실, 로테와 루이제, 에밀과 세 쌍둥이, 핑크트헨과 안톤, 엄지소년, 엄지소년과 엄지소녀
	오트프리트 프로이슬러	왕도둑 호첸플로츠 1~3, 크라바트, 꼬마 마녀, 꼬마 유령

그 외 다른 나라	미하엘 엔데	모모, 끝없는 이야기, 마법의 설탕 두 조각, 냄비와 국자 전쟁, 짐 크노프와 기관사 루카스, 짐 크노프와 13인의 해적, 마법의 술
	로이스 로리	별을 헤아리며, 그 여름의 끝, 그 소년은 열네 살이었다, 그 숲에는 거북이가 없다, 기억 전달자 4부작
	벤 마이켈슨	스피릿 베어 1~2, 나무 소녀, 피티 이야기, 달려라 모터사이클, 붉은 밤을 날아서
	제리 스피넬리	하늘을 달리는 아이, 문제아(징코프 넌 루저가 아니야), 누가 내 칫솔에 머리카락 끼웠어?, 스타걸, 잔혹한 통과의례(링컨 목을 비트는 아이), 돌격대장 쿠간
	재클린 윌슨	잠옷 파티, 공룡 도시락, 우리 반 인터넷 사이트 고민의 방, 꼬마 괴물과 나탈리, 리지 입은 지퍼입, 미라가 된 고양이, 엄마 돌보기, 내 이름은 에이프릴, 쌍둥이 루비와 가닛, 천사가 된 비키
	딕 킹 스미스	하늘을 나는 돼지, 레이디 롤리팝 1~2, 고양이 마틴의 애완용 생쥐, 여우집이 암탉 삼총사, 도도새는 살아 있다, 워터 호스(바다의 선물 크루소)
	애비 워디스	펄루 세상을 바꾸다, 어두운 숲속에서, 겁 없는 생쥐, 눈밭에서 찾은 선물, 도시의 정글, 아주 특별난 여행, 뱅저백패 루저 축구부, 올드 울프
	루이스 새커	구덩이, 작은 발걸음, 수상한 신들, 개는 놀담을 하지 않는다, 못 믿겠다고?
	데이비드 윌리엄스	할머니는 도둑, 악마 치과 의사, 억만장자 소년, 무시무시한 고모, 할아버지의 위대한 탈출, 수상한 아빠

7. 과학이나 역사 관련 책

고학년 아이들 중 소설을 좋아하지 않고 과학이나 역사를 찾는 아이들이 있다. 그렇지만 비소설은 긴 시간 동안 집중해서 읽지 못한다. 그래서 역사나 과학 관련 소설이나 비슷한 책을 읽으라고 한다.

과학 관련	개미 1~5(베르나르 베르베르), 개미 제국의 발견, 구두 신은 야생 멧돼지, 기적의 사과, 꼬마 너구리 라스칼, 버려진 개들의 언덕, 세상에 나쁜 벌레는 없다, 야생 거위와 함께 한 일 년, 위대한 산양 크래그, 은여우 이야기, 커럼포의 왕 로보, 표범을 사랑한 군인, 회색곰 왑의 삶
역사 관련	고구려 1~7, 고아 열차, 노근리 그 해 여름, 바람의 아이, 별을 헤아리며, 빵과 장미, 슬픈 나막신, 아 발해, 에네껜 아이들, 장길산 1~12, 책과 노니는 집, 천년의 사랑 직지, 첩자가 된 아이, 초정리 편지, 칠칠단의 비밀

8. 시리즈물

주인공이 같은 시리즈물은 인물이나 배경이 반복되므로 이해하는 데 쉽다. 그리고 읽는 속도도 빨라진다. 두껍거나 어려운 책으로 넘어가기 전에 이런 시리즈물을 연속으로 읽으면 좋다. 별도로 비치해야 스스로 선택한다.

저학년	건방이의 건방진 수련기 1~5, 마녀 위니(로라 오웬 글) 1~8, 만복이네 떡집 1~5, 말썽꾸러기 해리 시리즈 1~5, 병만이 동만이 만만이 시리즈 1~15, 복제인간 윤봉구 1~5, 소녀 탐정 캠 1~5, 숭민이의 일기 1~5, 오즈의 마법사 1~14, 위험한 대결 1~13, 은지와 호찬이 1~6, 이슬미 이야기 1~5, 고재미 이야기 1~5, 조성자의 3년 시리즈 1~3, 조성자의 몰래 시리즈 1~5, 푸른 사자 와니니 1~3, 헌터걸 1~5
고학년	고양이 학교 1부 1~5, 그림자 아이들 1~7, 까칠한 재석이 1~8, 나니아 나라 이야기 1~7, 2041 달기지 살인 사건 1~3, 로봇의 별 1~3, 메토(이브 그르베) 1~3, 무민 골짜기 이야기 시리즈 1~7, 스무고개 탐정 1~12, 아름다운 아이 1~4, 여우꼬리별의 전사 1~3, 워터쉽 다운의 열한 마리 토끼 1~4, 지니어스 게임 1~3, 플루토 비밀결사대 1~5

문해력을 키우는 읽기 습관
몰입독서

1판 1쇄 인쇄 2022년 3월 25일
1판 1쇄 발행 2022년 4월 5일

지은이   스키마언어교육연구소

펴낸이   한기호
책임편집   오선이
디자인   양선애
본부장   연용호
마케팅   하미영
경영지원   김윤아
인쇄   예림인쇄
펴낸곳   (주)학교도서관저널
출판등록   제2009-000231호(2009년 10월 15일)
주소   서울시 마포구 동교로 12안길 14(서교동) 삼성빌딩 A동 3층
전화   02-322-9677
팩스   02-6918-0818
전자우편   slj9677@gmail.com
홈페이지   www.slj.co.kr

ISBN 978-89-6915-125-4 03370

이 책의 본문은 '을유1945' 서체를 사용했습니다.
책값은 뒤표지에 있습니다.